EUROPEAN PRODUCT DESIGN

EUROPEAN PRODUCT DESIGN

Copyright © 2013 Instituto Monsa de ediciones

Editor, concept, and project director
Josep Mª Minguet

Co-author
Marc Gimenez

Art director
Eva Minguet
© Monsa Publications

INSTITUTO MONSA DE EDICIONES
Gravina 43 (08930)
Sant Adrià de Besòs
Barcelona
Tlf. +34 93 381 00 50
Fax.+34 93 381 00 93
www.monsa.com
monsa@monsa.com

Visit our official online store!
www.monsashop.com

ISBN: 978-84-15829-33-1
D.L.: B. 19440-2013

Translation
Babyl Traducciones

Printed in Spain by Grafilur

EUROPEAN PRODUCT DESIGN

monsa

INTRO

We are thinking of creating products that meet the human being needs. It is a creative activity that must combine both the intended use of the product along with visual appeal for its acceptance by the human. Therefore the technique is as important as creativity. To create and bring a new product to market involves two processes: product engineering and market analysis. In this volume we will look after the object design and in particular to the creative highlights within Europe. Historically and because of the industrial revolution, design has gone through periods where form gave way to the quantity, i.e. product design was sacrificed in honor of an increased production. It is considered that the first institution that taught the basics of industrial design was the Bauhaus, German school of art, design and architecture founded in 1919 under the direction of Walter Gropins. At present there is a huge amount of products, from simple packs to cars. They are studied and analyzed by synthesizing the information obtained through market research, studies of functions, ergonomic, cultural, ecological, etc. to design appropriate products to reach the market expectations. Within the catalogs of the world's largest industrial companies we find a significant number of European designers who have shaken up the new products' market with their innovation and creativity. The selection of projects compiled in this book comes from various creative fields, chairs, lamps, sofas, items to rest and relax, with a clear aesthetic and functional vocation, designs to better preserve the environment and not to hit with contaminated garbage. Exclusive and incredible designs, completed all with designers renderings where we can see the product designed in sections and its evolution to the final design. In this superb compilation have been selected the very best creations of each designer, and we will have the opportunity to observe the constant evolution in the world of product design.

Partimos de la idea de creación de productos que satisfagan las necesidades del ser humano. Se trata de una actividad creativa que debe aunar tanto la finalidad de uso de ese producto junto con el atractivo visual necesario para su aceptación por el ser humano. Es por tanto tan importante la técnica como la creatividad. Crear y llevar un nuevo producto al mercado implica dos procesos, la ingeniería de producto y el análisis de mercado. Atendemos en este volumen al diseño del objeto y en particular a lo más destacado de la creación en Europa. Históricamente y por la revolución industrial se ha pasado por épocas donde la forma dejaba paso a la cantidad, es decir, se sacrificaba el diseño del producto en aras de una mayor producción. Se considera que la primera institución que impartió las bases del diseño industrial fue la Bauhaus, escuela alemana de arte, diseño y arquitectura fundada en 1919 bajo la dirección de Walter Gropins. En la actualidad hay una inmensa cantidad de productos, desde simples packs hasta automóviles. Los mismos son estudiados y analizados sintetizándose la información obtenida a través de estudios de mercado, de funciones, ergonómicos, culturales, ecológicos, etc. para poder diseñar productos adecuados al mercado y sus expectativas. Dentro de los catálogos de las mayores empresas industriales del mundo encontramos un importante número de diseñadores europeos que han revolucionado el mercado de nuevos productos por su innovación y creatividad. La selección de proyectos recopilada en este libro procede de distintos campos creativos, sillas, lámparas, sofás, artículos para descansar y relajarse, con una clara vocación tanto estética como funcional, diseños que sirven para conservar mejor el medio ambiente y no castigarlo con deshechos que pueden contaminar. Diseños exclusivos e increíbles, completado todo ello con renderings realizados por los propios diseñadores, donde podemos ver seccionado el producto diseñado y su evolución hasta el diseño final. En esta magnífica recopilación se han seleccionado las mejores creaciones de cada diseñador, y tendremos la oportunidad de observar la constante evolución que existe en el mundo del diseño de producto.

INDEX

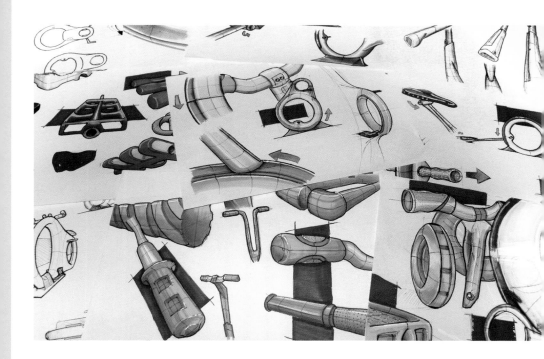

3T01

Most people who have practiced sports are usually addicted to one or more sports activities because they like it or simply because they can afford that particular sports equipment. For others, they are the lucky ones who can afford gym memberships.
3to1 sports equipment combines exercise bike, the elliptic bike and the rower, yeah in short words, 3 devices in one. It's great space saver as well, you'll get a complete training even when you live in a small flat or apartment. This fitness equipment offers you the benefits of an exercise bike which is great for cardio workout and easy on the knees, a rower which is great to tone your flabby legs and an elliptic bike that trains more muscles in your body to burn more calories and fat.

La mayoría de la gente que practica deporte suele ser adicta a una o más actividades deportivas porque les gusta o, simplemente, porque se pueden permitir el equipamiento deportivo necesario. Para otros, son los afortunados que pueden pagar la cuota del gimnasio. El equipamiento deportivo 3 en 1 es una combinación de bicicleta estática, bicicleta elíptica y remo, es decir, tres aparatos en uno. También permite ahorrar espacio, por lo que podrás entrenarte a fondo aun viviendo en un piso o un apartamento pequeños. Este equipo de entrenamiento ofrece los beneficios de la bicicleta estática, que es buena para el ejercicio cardiovascular y no castiga las rodillas; del remo, que sirve para tonificar las piernas flácidas; y de la bicicleta elíptica, que ejercita más músculos del cuerpo para quemar más calorías y grasa.

Designer: Michael IMBERT
FURY Design
www.behance.net/michaelimbert
FRANCE

GLUTEAL
ISCHIOJAMBIERS
QUADRISTOCKS
TRICEPS

ABDOMINAL MUSCLESS
DELTOIDS
BIG DORSAL
BIG GLUTEAL
LUMBAR VERTEBRAE
QUADRISTOCKS
TRICEPS

BACK
SHOULDERS
PECTORAL MUSCLES
PERONIERS
TRICEPS

Design for Michael Imbert

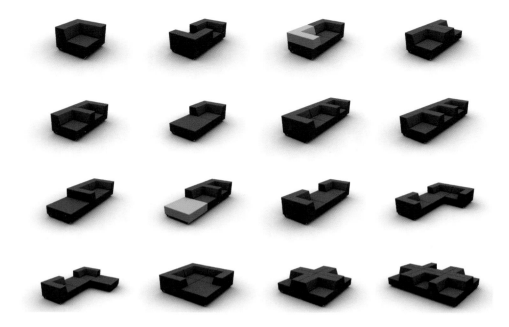

MODULAR

Symmetrical modular component that gives you the possibility of getting different structural and color combinations, allowing multiple applications for domestic and contract. A simple structure consisting of a seat and a removable armrests, forming a component of one meter by one meter. The armrest's arrangement will determine the chair's position allowing the creation of spaces according to the identified needs while allowing as well the customization through the color of the set or of each of the accessories. Made of steel frame and polyurethane foam, seat and armrest stuffed with polyester wadding upholstery.

Elemento modular simétrico que posibilita distintas combinaciones tanto estructurales como de color, permitiendo diversas aplicaciones para espacios domésticos y de contract. Una sencilla estructura formada por un asiento y un reposa-brazos extraíble, forman un elemento de metro por metro. La colocación del reposa-brazos configura la posición del sillón, permitiendo la construcción de espacios según las necesidades detectadas, a la vez que permite la personalización mediante el color del conjunto o de cada uno de los accesorios. Fabricado en estructura de acero y espuma de poliuretano, sillín y reposa-brazos en relleno de guata de poliéster tapizado.

Designer : Jordi Blasi
www.jordiblasi.com
SPAIN

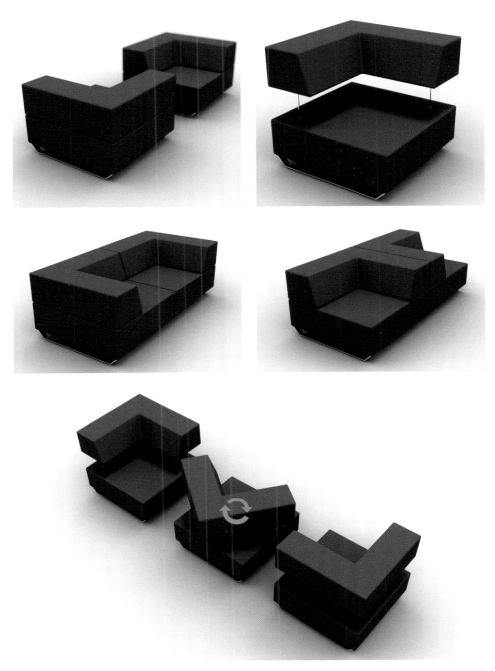

MAGNETIC COLLECTOR

If you have a hobby or work related to small metal parts (needles, small screws, bolts,...) then you have faced the challenge of capturing and movement of parts. The problem of collecting and movement of the small metal parts as individual detail as well as a great number details. The solution To solve suggest to use a simple device, which I have called "Magnetic Collector". It works on the principle of magnetic attraction (see attached image).
1. The magnet is inserted into the white plastic base.
2. Plastic base is connected with the upper half of a green semi-transparent jars.
3. When you aim device to your needles or other metal parts, arises attraction. All metal parts are fixed at the top of the cover of the green translucent jars.
4. Now you can move all these small metal parts in any place, or add all these details in the lower part of the banks and close it. Then disconnect the magnet and leave the store.
Customer. All people professionally working with small details: sewing needles, little cog and other...
People who have a hobby connected with work with small metal parts.
Also this device be useful to any person in the household.

Designer: Ilya Avakov
www.eliasdesign.ru
RUSSIA

Si eres aficionado o trabajas en algo relacionado con piezas metálicas pequeñas (agujas, tornillos, remaches, etc.), te habrás encontrado con el reto de tener que cogerlas y moverlas tanto de manera individual como en conjunto. La solución es utilizar un aparato sencillo que he llamado «Colector magnético» y que funciona según el principio de la atracción magnética (ver imagen).
1. Se inserta el imán en la base de plástico blanco.
2. La base de plástico está conectada a la parte superior de un frasco verde semitransparente.
3. Al acercar el aparato a las agujas u otras piezas de metal, se genera atracción y todas las piezas metálicas se fijan en la parte superior de la tapa del frasco verde translúcido.
4. Ya puedes llevar todas las piezas metálicas a cualquier parte o guardarlas en su parte inferior y cerrarla. Desconecta el imán y ya puedes salir de la tienda.
Cliente: Todos los profesionales que trabajan con piezas pequeñas, como agujas de coser, pequeños dientes de engranaje, entre otros.
Personas con alguna afición relacionada con el uso de pequeñas piezas metálicas.
Este aparato también puede ser útil para cualquier persona de la casa.

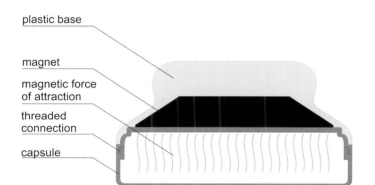

plastic base

magnet

magnetic force of attraction

threaded connection

capsule

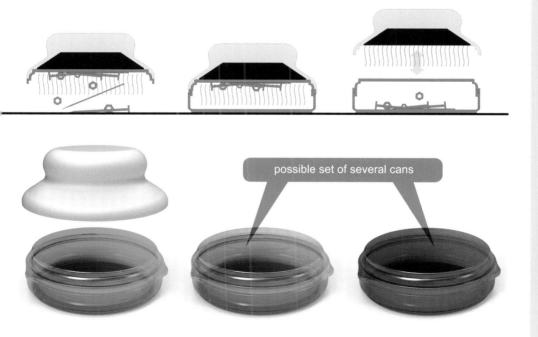

possible set of several cans

GIRO

Large capacity litter bin made of rotational polyethylene 100% recycled and recyclable, suitable for outdoor use. It is composed of two parts, body and head, screwed together and equipped with safety lock depending on the version. The optimization of the design allows up to five versions of litter bins from a single mold. This can be achieved by cutting the head when the product is still hot and has just been removed from the mold and through inserts that form the specific features of each version. One of them has been designed to be secured in the sand of the beach. The bag remains hidden inside the bin either on the body or through a hoop where it can be fixed. A customizable pictogram allows the identification of the residue to be disposed.

Papelera de gran capacidad realizada en polietileno rotacional 100% reciclado y reciclable, idóneo para la intemperie. Compuesta por dos piezas, cuerpo y cabezal, unidas entre sí por rosca y según la versión, con cierre de seguridad. La optimización del diseño permite obtener hasta cinco versiones de papeleras a partir de un único molde. Esto se consigue recortando el cabezal, aún caliente, cuando se extrae el producto del molde y mediante postizos que configuran las características específicas de cada versión, una de ellas, pensada para anclarla en la arena de la playa. La bolsa queda oculta en el interior ya sea sobre el propio cuerpo o mediante aros portabolsas. Un pictograma personalizable, permite la identificación del residuo a desechar.

Designer: Jordi Blasi
Produced: Vilagrasa
www.jordiblasi.com
www.vilagrasa.com
SPAIN

B99

B99 has been thought to bring up to day foosball table that all have known. It makes no progress for years has been done on this product meets history. B99 draw by the french studio FURYdesign keeps all the main lines of a traditional foosball table and keeping a majestic appearance, of course integrating the existing technology to multiple connection. Who never wanted to play foosball table like a real soccer match, watch a reeplay, statistics tournament between colleague while lulled by the music of his choice ...
A Bang & Olufsen sound system is integrated into the B99 to connect their smartphone, and spend their favorite playlists with sound more than exciting. An application is also available to find his game statistics, and create a connection between the best players in foosball table world.

B99 ha sido pensada para modernizar la mesa de futbolín que todos conocemos. Durante años, no se ha hecho ningún progreso en este producto histórico. B99, diseñada por el estudio francés Fury Design, conserva todas las principales líneas del futbolín tradicional manteniendo un aspecto majestuoso y, por supuesto, integrando la tecnología actual en una conexión múltiple. ¿Quién no ha querido alguna vez jugar al futbolín como si fuera un auténtico partido de fútbol, ver una repetición o las estadísticas de un torneo entre amigos mientras escuchan música de su elección? El sistema de sonido Bang & Olufsen está integrado en la B99 para poder conectar los smartphones y escuchar las listas de música favoritas con un sonido fascinante. También hay disponible una aplicación para ver las estadísticas del juego y poner en contacto a los mejores jugadores de futbolín del mundo.

Designer: Michael Imbert
FURY Design
www.behance.net/michaelimbert
FRANCE

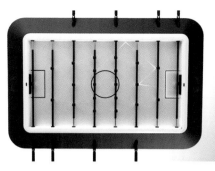

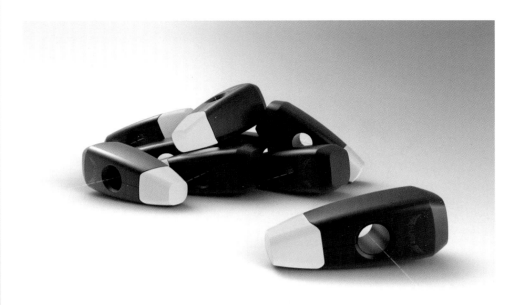

Design for Michael Imbert

THE WHA CABINET

Designed by Tembolat Gugkaev, the cabinet is versatile closet that duals as a lamp. During the day, it's a cabinet, and works as lamp at night. Dressed in curvy look with a color backlit shelves, these cool cabinets bring urbane sophistication and style. With simple and neat design, the multipurpose What is a perfect contemporary design with lofty functionality and elegance.

Diseñada por Tembolat Gugkaev, esta estantería es un armario versátil que también hace de lámpara. Durante el día, es un armario y, por la noche, una lámpara. Diseñada con un aspecto curvilíneo y unos estantes con una iluminación a contraluz de colores, este magnífico armario aporta sofisticación urbana y estilo. Con un diseño sencillo y elegante, la multiusos Wha es una creación contemporánea perfecta con una funcionalidad y una elegancia sublimes.

Designer: Tembolat Gugkaev
www.tembolat.com
RUSSIA

BOX

Recycling container for solid residues in different formats and capacities. Its shape, a mere abstraction of an open box, facilitates the introduction of waste. The color of the interior and the simplicity of its pictograms clearly identify the containing residues' type. A simple formal exercise that converts the iconographic plasticity of a cardboard box into a useful waste container. The different formats, square and rectangular, 30, 65 and 100 liters and the adaptability and mobility of the upper part of the bin, allow many combinations and the creation of recycling modules. Manufactured in steel plate, its exterior painted in anthracite color and the interior identifying the residue type.

Contenedor de reciclaje de residuos sólidos de diferentes formatos y capacidades. Su forma, simple abstracción de una caja abierta, facilita la introducción de los residuos. El color de su interior y la simplicidad de sus pictogramas, identifican claramente la tipología de los residuos que contienen. Un sencillo ejercicio formal que convierte la plasticidad iconográfica de una caja de cartón, en un funcional contenedor de residuos. Los distintos formatos, cuadrados y rectangulares, de 30, 65 i 100 litros de capacidad y la adaptabilidad y movilidad de la parte superior de la papelera, permiten multitud de combinaciones y la formación de islas de reciclaje. Fabricado en plancha de acero, pintado de color antracita su exterior y del color identificativo del residuo en el interior.

Designer: Jordi Blasi
Produced: Vilagrasa
Photo: Meritxell Argelaguer
www.jordiblasi.com
www.vilagrasa.com
SPAIN

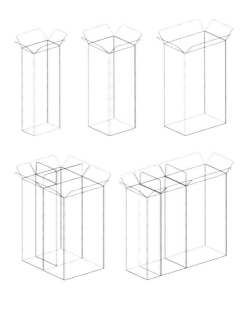

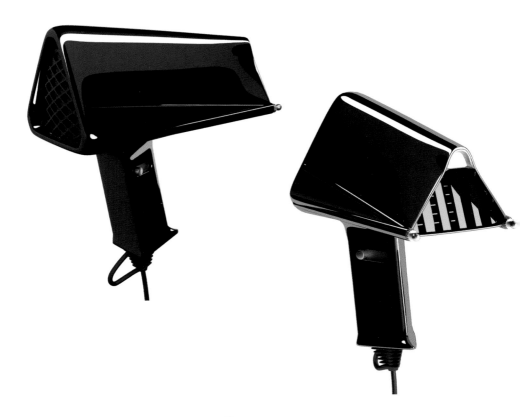

DARTH HAIRDRYER

Hair like Chewbacca requires the most powerful of beauty supplies, perhaps even tools backed with The Force. A Star Wars style maven's dreams come true thanks to Russian industrial designer Tembolat Gugkaev's Darth Vader blow dryer.
Who knew the clean lines of the empire leader's face mask could translate so easily to modern home design?.

Un pelo como el de Chewbacca requiere del accesorio de belleza más potente o, quizás, hasta de herramientas reforzadas con la Fuerza. El sueño de un experto en La guerra de las galaxias se hace realidad gracias al secador de pelo Darth Vader del diseñador industrial ruso Tembolat Gugkaev.
¿Quién iba a saber que las líneas definidas de la máscara del líder del imperio podían traducirse tan fácilmente en un moderno diseño para la casa?.

Designer: Tembolat Gugkaev
www.tembolat.com
RUSSIA

TECTONIC

This tectonic bookcase looks cluttered shelves built, in various forms of trapezia and rectangular, and taken a variety of angles, but still allows the book or anything else not to fall out of it. Underneath, there is a cabinet base with two legs that support an open shelf and have no doors good basis. Unusual forms and creative combinations of this bookcase furniture will blow your mind. The cabinet lights in the interior of the open shelves and it looks charming in the darkness.

Esta librería tectónica parece una construcción de estantes amontonados con formas diversas de trapecios y rectángulos y una variedad de ángulos, pero no deja que los libros o cualquier otra cosa que contenga se caigan. Debajo hay un armario con dos patas que hace de base y soporta la estantería abierta sin puertas. Las formas poco corrientes y las combinaciones creativas de esta estantería te dejarán sin palabras. El armario ilumina el interior de los estantes abiertos y en la oscuridad, resulta fascinante.

Designer: Tembolat Gugkaev
www.tembolat.com
RUSSIA

ANNEXO LAMP

ANNEXO is a set of lamps developed to question the principles of contextualization of objects and the choice of materials as holders of these references. The shape of the lamps are very simple and geometrical, allowing the materials to fully communicate the identity of the object. The top of the lamps are made of sandblasted blown glass and they have an area which is left clear to direct the light. There are mainly three different types of materials for the bases: turned cork, turned white carrara marble and concrete.

ANNEXO es un conjunto de lámparas desarrolladas para cuestionar los principios de la contextualización de los objetos y la elección de materiales como responsables de estas referencias. La forma de las lámparas es muy simple y geométrica, permitiendo que los materiales comuniquen completamente la identidad del objeto. La parte superior de las lámparas está hecha de vidrio soplado transparente y translúcido. Existen principalmente tres tipos diferentes de materiales para las bases: corcho, mármol blanco de Carrara y hormigón.

Studio: CreativeAffairs
Art Direction: CreativeAffairs
Designer: CreativeAffairs
Photography: CreativeAffairs
www.creativeaffairs.es
SPAIN

ONE+ONE LAMP

ONE+ONE is a collection of lamps based on the idea of mixing two different archetypes with different functions in order to create a new typology of object. The two chosen archetypes are a Table Lamp and a Trestle. An object and its context. The end result is a hybrid element that has a new identity inherited from the two of its predecessors. It becomes an object to light a space, or a piece of furniture to divide a space and to leave some accessories on. This design pretends to have a experimental nature and the materials chosen are: Ceramic porcelain with different glazing techniques, lacquered wood and powder coated steel. The object is made with materials which are finished in the same color to give an effect of silhouette reminding an sculptural element standing in the space.

ONE+ONE es una colección de lámparas basada en la idea de mezclar dos arquetipos diferentes con distintas funciones con el fin de crear una nueva tipología de objeto. Los dos arquetipos elegidos son: una lámpara de mesa y un caballete. Un objeto y su contexto. El resultado final es un elemento híbrido que tiene una nueva identidad heredada de sus predecesores. Se convierte en un objeto que ilumina un espacio, o una pieza de mobiliario para dividir y dejar algunos accesorios. Este diseño pretende tener un carácter experimental y los materiales elegidos son: la porcelana de cerámica con diferentes técnicas de vidrio, madera lacada y acero con lacado epoxi. El objeto está fabricado con materiales que se terminaron en el mismo color para dar un efecto de silueta que recuerda a un elemento escultórico de pie en el espacio.

Studio: CreativeAffairs
Art Direction: CreativeAffairs
Designer: CreativeAffairs
Photography: CreativeAffairs
www.creativeaffairs.es
SPAIN

TATIK

To optimize the functionality and efficiency of your home interiors, a piece like the 'Tatik' by Tembolat Gugkaev will fit the bill. Incorporating an arm chair and a shelving unit in one serves to approach furniture design from a different angle. Literally slanting to create a pyramidal form, the 'Tatik' by Tembolat Gugkaev does well to keep all of your books and possessions tucked away and secure. Providing adequate storage space on three sides of the piece, you won't know which book to curl up with on this comfy one-seater!.

Para optimizar la funcionalidad y eficacia de los interiores de la casa, una pieza como el Tatik de Tembolat Gugkaev sería perfecta. Fusionar un sillón y una estantería nos sirve para ver el diseño de muebles desde otra perspectiva. Literalmente inclinado para crear una forma piramidal, el Tatik de Tembolat Gugkaev sirve para tener todos tus libros y pertenencias a buen recaudo y seguros. Como ofrece un espacio de almacenamiento adecuado en sus tres lados, ¡no sabrás con qué libro acurrucarte en este cómodo asiento!.

Designer: Tembolat Gugkaev
www.tembolat.com
RUSSIA

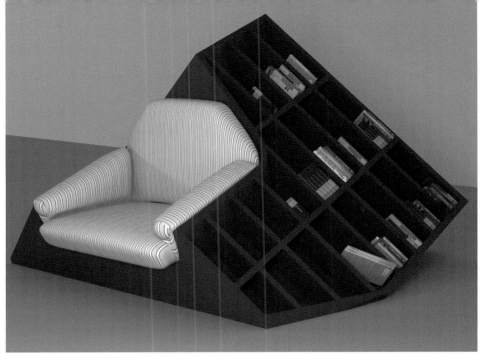

ZEN URBAN OUTOOR FURN1TURE

The gardens and stones "Zen" represent the universe, infinity and are designed to inspire tranquility, harmony and serenity. Contemplating a Zen garden is like plunging into meditation. The stones "Zen" are the elements of balance and harmony. Our cities and parks need that balance, a link between city and nature, a place to relax, think, observe, enjoy outdoors, light, enjoy a conversation.
Made of granite or fiberglass.

Los jardines y piedras "Zen" representan el universo, el infinito y están diseñados para inspirar tranquilidad, armonía y serenidad. Contemplando un jardín Zen es como entrar en meditación. Las piedras "Zen" son elementos de armonía y equilibrio, nuestras ciudades y parques necesitan este equilibrio y conectar otra vez con la naturaleza. En "Zen" tienes un espacio para relajarte, pensar, observar, disfrutar del exterior y de una conversación.
Realizado en granito o fibra de vidrio.

Designer: Veronica Martinez
www.veronicamartinezdesign.com
SPAIN

ELECTRIC WATER

This object has been designed for public spaces. It shows a symbiosis of incompatible concepts. Like the washstand - rosette, and like a mixer and a container for liquid soap - plug. This object is an association of the interaction - electricity and water, what is totally antagonistic and life-threatening. This is a game of mind, making us see the ordinary objects at a different perspective, with new emotions towards every-day-life things.

Este objeto ha sido diseñado para espacios públicos. Nos muestra la simbiosis de diferentes conceptos incompatibles. Su forma esta simulando el lavabo - roseta, o una mezcla de recipiente para jabón líquido, o incluso un enchufe. "Electric Water" es una pieza única, su diseño utilizando materiales y lineas muy especiales. Es un nuevo concepto de lavamanos eléctrico.

Studio: Kononenko
Design: Julia Kononenko
www.kononenkoid.com
UKRAINE

MARE

"Mare" is inspired by the sea waves, Mare is designed with the idea of a continuous pavement that "elevates" and form the different furniture, chaise longue, chair, table, sunbed, floor chaise longue and pavement. Presented at the International Furniture Fair in Milan and Valencia. Made in HI-MACS or foam with aluminum structure for private spaces and fiberconcrete with steel for urban spaces.

"Mare" está inspirado en las olas del mar. Diseñado con la idea de un pavimento continuo que se "eleva" y forma los diferentes mobiliarios, chaise long, silla, mesa, tumbona, chaise long de suelo y pavimento. Presentado en la feria internacional de mobiliario de Milán y Valencia. Realizado en HI-MACS o espuma especial para exteriores con estructura de aluminio. Y para espacios urbanos hay una versión en fibrocemento y estructura en acero.

Designer: Veronica Martinez
www.veronicamartinezdesign.com
SPAIN

DNA_TAP

The title of this work is related to the original form of the water tap. Like strands of the DNA molecule, pipes for hot and cold water are intertwined form a whole. The color difference is even more conducive to an unusual perception of the eye.

El título de esta obra está relacionado con la forma original de un grifo. Igual que una cadena de moléculas de ADN, las tuberías de agua fría y agua caliente se entrelazan formando un todo. La diferencia de los colores fomenta la inusual percepción del ojo.

Designer: Tembolat Gugkaev
www.tembolat.com
RUSSIA

ME QUIERE CERAMIC BOWLS WITH TRAY

"Me quiere" represents the game to guess whether the person we love likes us or not, plucking a daisy flower petal. In each bowl is written "Me quiere" in 8 different languages (Spanish, English, French, Italian, Portuguese, German, Russian and Japanese), trying to represent the unión of cultures with Love. "Me quiere" creates a feeling of surprise and generates a positive emotion when finding "Me quiere" written at the bottom of each bowl. All bowls are stackable, the petals are 3 different sizes and a central bowl, which can be used for different foods or drinks, ideal for both home to bars, restaurants and hotels. "Me quiere" is sold with or without tray in bleech wood.
Ceramist: Tomás Santis, from Toledo, Spain.

"Me quiere" representa el juego para adivinar si la persona que nos gusta, nos quiere o no, quitando pétalos de una margarita. En cada cuenco está escrito "Me quiere" en 8 idiomas diferentes (Español, Inglés, Francés, Italiano, Portugués, Alemán, Ruso y Japonés) intentando representar la unión de las culturas con Amor. Me quiere se vende con o sin bandeja de madera de haya. "Me quiere" crea una sensación de sorpresa y genera una emoción positiva cuando la búsqueda de "Me quiere" escrita en la parte inferior de cada recipiente. Todos los recipientes son apilables, los pétalos está en 3 diferentes tamaños y un plato central, que pueden ser utilizados para diferentes alimentos o bebidas, ideal tanto para el hogar, bares, restaurantes y hoteles. "Me quiere" se vende con o sin la bandeja de madera bleech.
Ceramista: Tomás Santis, de Toledo, España.

Designer: Veronica Martinez
www.veronicamartinezdesign.com
SPAIN

me quiere

sie/er liebt mich

私を愛してます

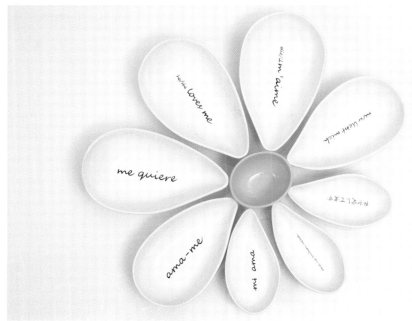

CALA

Its shape is inspired by the Cala flower, its elegance is transferred to the bench with the elevation of two edges conveys the essence and emotion, elegance, finesse and beauty of the flower that gives its name.
Made in HI-MACS or Fiberglass & stainless steel legs.

Su forma está inspirada en la flor de Cala, su elegancia se transmite al banco por la elevación de dos aristas que convierte la emoción, esencia, elegancia, sutileza y belleza de la flor que lleva su nombre.
Realizado en HI-MACS o fibra de vidrio con patas de acero inoxidable.

Designer: Veronica Martinez
www.veronicamartinezdesign.com
SPAIN

CALA PLANTHOLDER & DIVIDER

Its shape is inspired by the Cala flower. The elegance of this flower is transferred to the pot with a very simple form of torque transmitting the essence and excitement, elegance, finesse and beauty of the flower that gives its name. Made in HI-MACS or Fiberglass.

Su forma está inspirada en la flor de Cala, su elegancia se transmite al banco por la simple torsión en su eje central. La esencia, elegancia, sutileza y belleza de la flor que lleva su nombre se expresa con un mínimo movimiento. Realizado en HI-MACS o fibra de vidrio.

Designer: Veronica Martinez
www.veronicamartinezdesign.com
SPAIN

E-INKEY-KEYBOARD

Concept of multifunctional wireless keyboard. Its feature is to use of e-ink screens in buttons of keyboard. This allows us to use different layouts, signs, symbols for different programs. E-ink means low power consumption , so this keyboard can be wireless. The idea of multifunctional keyboard is not new, but it had not been spread. Really it's very useful not only for designers and illustrators but, for example, for translators. The analogs have a very high cost, that's why they cannot be spread. We had explored the possibilities of contemporary technologies and we supposed that E-ink displays could be used as keys. And also E-ink technology could solve the main problem - cost. Another advantage is low power consumption that gave us a possibility to make a wireless keyboard.

Concepto de un teclado inalámbrico multifuncional. Se caracteriza por emplear pantallas de tinta electrónica en las teclas del teclado. Esto nos permite utilizar diferentes diseños, signos y símbolos dependiendo del programa. La tinta electrónica supone un consumo de baja potencia, por lo que este teclado puede ser inalámbrico. La idea de un teclado multifuncional no es nueva, pero no se ha popularizado. Realmente es muy útil no solo para diseñadores e ilustradores, sino también para traductores. Los analógicos tienen un coste muy elevado, por eso no se han podido difundir. Hemos explorado las posibilidades que ofrecen las tecnologías modernas y hemos creído que las pantallas de tinta electrónica pueden usarse como teclas, además de que esta tecnología podría solventar el problema principal: el coste. Otra ventaja es el consumo de baja potencia, que nos permitiría hacer un teclado inalámbrico.

Studio: Pixel Lab
Art Director: Maksim Mezentsev
Designers: Maksim Mezentsev and Aleksandr Suhih
www.p1x.ru
RUSSIA

English language layout
+
PS hot key

English language layout
+
PS hot key

English language layout
+
AI hot key

English language layout
+
Japanese language layout

— Transparent plastic

— Plastic

— E-paper

— Plastic

SCENT OF LIGHT

The table lamp comes from thinking of light as a fragrance. This intangible matter has been frozen in an archetypal shape of glass and, using a new metal coating technology, it carries through an evocative world. The first step of this project is to think of light as a fragrance, an impalpable matter that permeates the air we live in. "Scent of Light" is a lamp inspired by the perfume bottle, a very well known icon. Iconic and simple, light and delicate, it comes with a different but very evocative and contemporary usability. Most of the work has been focused on how to represent the concept of non-matter and lightness, also working with a very new metal coating technology.

Esta lámpara de mesa nace de pensar en la luz como una fragancia. Esta materia intangible ha sido congelada en una forma arquetípica de vidrio y, al utilizar una nueva tecnología de recubrimiento metálico, crea un mundo evocador. El primer paso de este proyecto fue pensar en la luz como una fragancia, una materia impalpable que impregna el aire en el que vivimos. Scent of Light (Aroma a luz) es una lámpara que está inspirada en un frasco de perfume, un símbolo muy conocido. Icónica y sencilla, ligera y delicada, tiene una utilidad diferente pero muy evocadora y contemporánea. Gran parte del trabajo ha estado centrado en cómo representar el concepto de inmaterialidad y ligereza. Además se ha trabajado con una nueva tecnología de recubrimiento metálico.

Designers: Diego Vencato, Marco Merendi
Photo: © Laura Chiarotto, Diego Vencato
www.diego-vencato.com
www.marcomerendi.it
www.laurachiarotto.com
ITALY

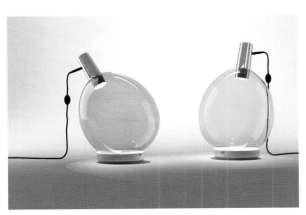

CONVERTIBLE SOFA

It is so important, that the Interior items possess little space, are multi-functional and small in size. She created a sofa for the living room, that can easily be transformed into a small dining-table with 6 padded stools. In terms of ergonomics it gives maximum comfort and convenience to the user. While transforming the sofa, the seat turns into six padded stools, and the backrest - into a countertop.

Es tan importante que los elementos del interior de nuestro hogar ocupen poco espacio, muebles multifuncionales y de tamaño pequeño. Ella creó un sofá para la sala de estar, que puede ser fácilmente transformable en una pequeña mesa de comedor con 6 sillas acolchadas, que ofrece it máximo maximum y comodidad para el usuario. El sofá se transforma en seis taburetes acolchados, y el respaldo en una mesa.

Studio: Kononenko
Design: Julia Kononenko
www.kononenkoid.com
UKRAINE

TAB

The TAB barbecue has been created in response to the needs for a portable barbecue. The keys in the design process were the ease of transportation, the lightness of the product and the simplicity to tidy up. Its name stands for "Take Away Barbecue", or what is the same, "portable barbecue". As main feature we may highlight its functional and compact design that makes it a perfect barbecue for people living in small houses with little space. The barbecue consists mainly of three metal legs that ensure maximum stability, the height adjustable cooking grid and a charcoal pan. The grill is very easy to clean as it is completely removable. Additionally, it is equipped with a container for food storage inside the lid when the barbecue is to be carried. In conclusion, the TAB barbecue meets an attractive, compact and functional design, resulting in an easy transportation, use and cleaning.

La barbacoa TAB nace como respuesta a la necesidad de una barbacoa portátil para cualquier tipo de situación. Las claves en el proceso de diseño fueron la facilidad en el transporte, la ligereza del producto y la facilidad a la hora de recoger. Debe su nombre a las siglas en inglés de "Take Away Barbecue", o lo que es lo mismo, "barbacoa portátil". Cómo característica principal destaca su diseño funcional y compacto, que la convierte en una barbacoa perfecta para gente que vive en casas pequeñas, con poco espacio. La barbacoa consta principalmente de tres patas metálicas, que aseguran la mayor estabilidad posible; la rejilla, regulable en altura; y el plato para el carbón. La barbacoa es muy fácil de limpiar ya que es totalmente desmontable. Adicionalmente, está equipada con un recipiente para llevar la comida. Este recipiente se guarda dentro de la tapa cuando la barbacoa va a ser transportada. Como conclusión, la barbacoa TAB reúne un diseño atractivo, compacto y funcional, dando lugar a un fácil transporte, uso y limpieza.

Designers: Carlos Jiménez Sánchez
www.cargocollective.com/TheDesignWarehouse
SPAIN

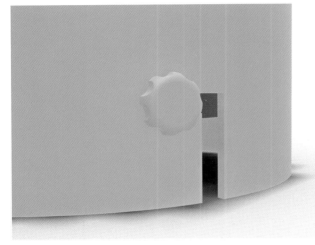

Design for Carlos Jiménez

FIGARO A CONTEMPORARY TUBE RADIO

Figaro started as an exercise, aiming to create a timeless consumer product that really irradiates personality and stands out from the crowd. The concept is meant to appeal to the design conscious audiophile, who puts equal value on aesthetics, and sound quality. With the use of valve amplifiers, Figaro is paying tribute to old-fashioned technology, but it also welcomes modern standards as it features Airplay, making the user able to stream music, radio or audio books directly from a smart phone or tablet. The completely analogue interface is a statement, suggesting a reduced level of complexity in a product category that is characterized by increasingly bewildering user interfaces. The goal was that everyone should be able to use Figaro on a daily base, without a manual.

Designers: Morten Grønning
www.groenning.me
DENMARK

Figaro empezó como un ejercicio enfocado a crear un producto atemporal para el consumidor, que realmente irradiara personalidad y destacara por encima del resto. El concepto pretende gustar a los amantes de la música y el diseño que valoran tanto la estética como la calidad del sonido. Con los amplificadores de válvulas, Figaro rinde homenaje a la tecnología antigua pero también da la bienvenida a los estándares modernos, ya que incorpora Airplay, que permite al usuario escuchar música, la radio o audiolibros directamente desde su tableta o su teléfono inteligente. La interfaz totalmente analógica es toda una declaración que comporta menos complejidad en una categoría de productos que se caracteriza por unas interfaces de usuario cada vez más confusas. El objetivo es que todos sean capaces de utilizar Figaro a diario sin consultar el manual.

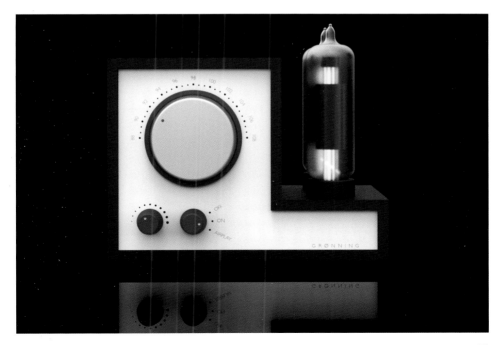

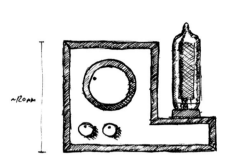

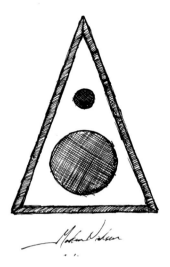

Design for Morten Grønning

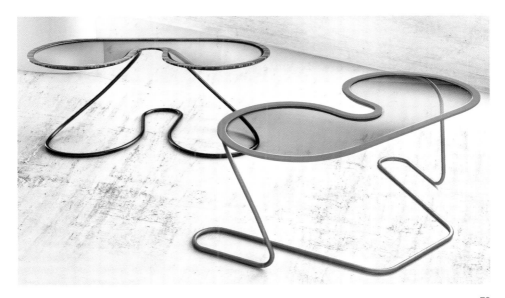

zoom x 10

Design for Katherine Semenko

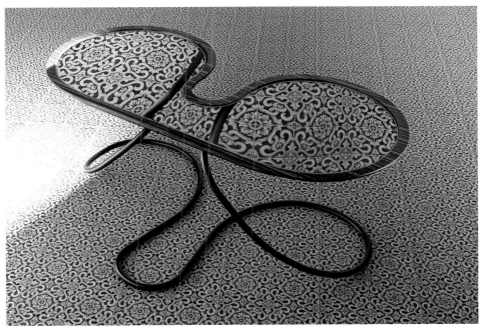

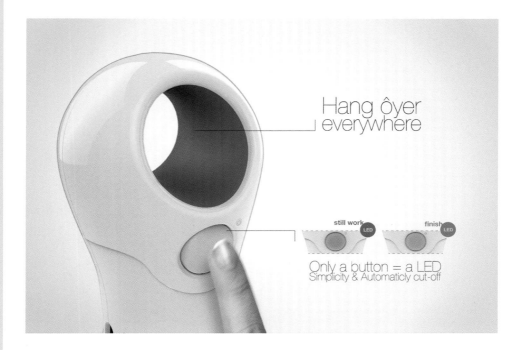

Hang ôyer
everywhere

still work
LED

finish
LED

Only a button = a LED
Simplicity & Automaticly cut-off

ÔYER - PORTABLE CLOTHES DRYER

Ôyer is a clothes dryer that dries clothes faster and use less energy. And it is very simple to use it. We place the clothes in the bag and close the bag on the Ôyer, finally press the button to start Ôyer. The bag has a capacity of 5L. The bag is made in polyamide to keep heat. Thanks to the humidity sensor and temperature sensor, Ôyer will stop automatically when the clothes will be dry. Ôyer has a small dimension, we can carry it everywhere with the hole. On the each side of Ôyer we can find the air inlet and outlet. The cool air is absorbed in the Ôyer and the vapor goes out from the air outlet. I was inspired by hair-dryer and I designed a system of air circulation between Ôyer and its bag, which can provide two elements of evaporation: heat and wind. Then I thought of adding sensors for two reasons: to simplify the use and save energy.

Ôyer es un secador de ropa que seca más rápido y consume menos energía. Es muy fácil de usar. Colocamos la ropa en la bolsa y la cerramos con Ôyer. Después, pulsamos el botón de inicio. La bolsa tiene una capacidad de 5 quilos y está hecha de poliamida para mantener el calor. Gracias a los sensores de humedad y temperatura, Ôyer se detiene automáticamente cuando la ropa está seca. El artilugio tiene unas dimensiones pequeñas, por lo que se puede llevar a cualquier sitio. A ambos lados del aparato, podemos encontrar la entrada y salida de aire. Ôyer absorbe el aire frío y el vapor sale por la salida de aire. Me inspiré en un secador de pelo y diseñé un sistema de circulación de aire entre el aparato y la bolsa que produce dos elementos de evaporación: calor y aire. Después pensé en añadir los sensores por dos motivos: para simplificar su uso y ahorrar energía.

Designer: Pengfei Li
www.behance.net/pengfei
FRANCE

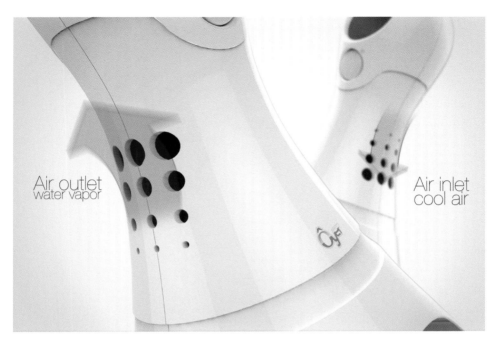

Air outlet
water vapor

Air inlet
cool air

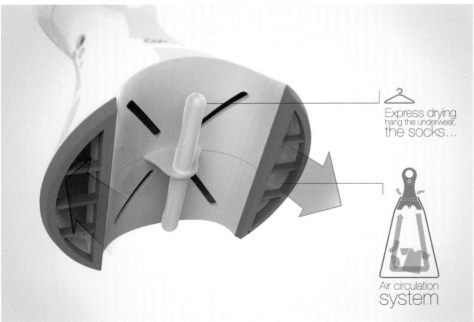

Express drying
hang the underwear,
the socks...

Air circulation
system

Put into.   Close.   Click and wait.   It's dry!

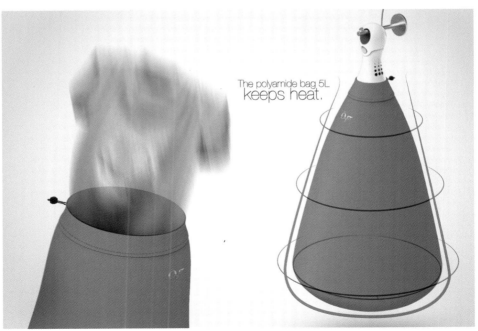

The polyamide bag 5L
keeps heat.

OX-EYE PLATE

Garbage bins filled of plastic dishes, plastic decomposes over hundreds of years... There is a solution. The reusable plate, absolutely ecological, that is not needed not be washed. "Ox-Eye plate" consists of a plate-foundation (laminated cardboard) with 7 layers of biodegradable coating (peptide membrane) which are pitched to it. Each layer has a patch-handle that helps to undo a layer when pulled. You don't have to wash this plate every time after meal - you just take away the upper dirty layer. The disposal is minimum in this case - unlike disposable plastic plates that everybody is used to. The layer of peptidic membrane has a colored thicker edging. This plate is for eating in open air, for travels. She have been at the festival recently that was held under an open sky. They lived in tents and ate in the makeshift cafe where a great amount of disposable plastic utensils was used. All garbage bins were full of it. She used a normal metallic plate that she had to wash every time. And it was very uncomfortable as there was no conditions to do so. And so an idea came to do to create a reusable plate that you don't have to wash or discard after every use. Garbage bins filled of plastic dishes, plastic decomposes over hundreds of years. To produce 1 plastic disposable plate - 5g of plastic plus financial expences of the customer are required 90 years for decompose. The project won James Dyson Award 2011 National Winner 2 prize. Now It is in the stage in search of manufacturers.

Cubos de basura llenos de platos de plástico, material que tarda en descomponerse cientos de años... Para esto, existe una solución: el plato reutilizable completamente ecológico que no hace falta lavar. El plato Ox-eye está formado por una base de cartón plastificado y siete capas con un recubrimiento biodegradable (membrana peptídica) laminadas sobre esta. Cada capa tiene una anilla para poder retirarla al estirarla. No tendrás que lavar el plato después de comer, basta con quitar la capa superior sucia. En este caso, la eliminación de residuos es mínima, a diferencia de los platos de plástico desechables a los que todo el mundo está acostumbrado. La capa de membrana peptídica tiene un ribete de color más grueso. Este plato es para comer al aire libre y para los viajes. Katherine Semenko asistió hace poco a un festival que se celebraba al aire libre. Dormían en tiendas de campaña y comían en una cafetería provisional en la que se utilizaba una gran cantidad de utensilios de plástico de usar y tirar. Todos los cubos de basura estaban a rebosar de plástico. Ella utilizó un plato de metal que tenía que lavar cada vez que lo usaba y resultó muy incómodo porque el lugar no estaba habilitado para ello. Así se le ocurrió la idea de crear un plato reutilizable que no tuviera que lavarse o desecharse después de cada uso. Los cubos de basura estaban repletos de platos de plástico, material que tarda en descomponerse cientos de años. Para producir un plato de plástico desechable se necesitan 5 g de plástico más el gasto económico del cliente más 90 años para descomponerse. El proyecto ganó dos premios al Ganador Nacional en los James Dyson Award de 2011. Ahora está en fase de búsqueda de fabricantes.

Designer: Katherine Semenko
www.wix.com/katherinesemenko/design
RUSSIA

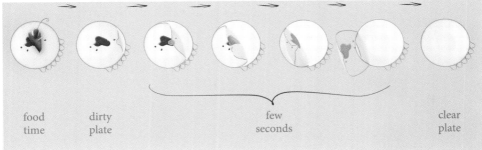

| food time | dirty plate | few seconds | clear plate |

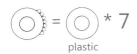

plastic

peptidic

plastic

 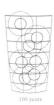

decompose: 2 months   100 years

ceramic

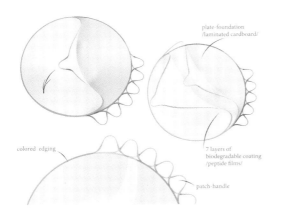

colored edging

plate-foundation /laminated cardboard/

7 layers of biodegradable coating /peptide films/

patch-handle

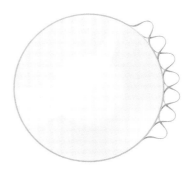

ASTER

Aster is a urban lounger, comfortable and fitted with a wide range of accessories, it offers hospitality and revolutionary extras. It is equipped with an acoustic integrated system composed of four exciter speakers that allow the lounger to emit the music through its structure. Thanks to this system, dreamers can stare at the sky while listening to the music transmitted via Bluetooth from their smart phone, while finding a shelter under the glass cover. At the same time, nature lovers can listen to a reproduction of birds' twitter during the day and of cicadas' during the night, finding in a city square a place closer to nature and far from the colourless and noisy city. Aster is equipped with an OLED lighting system placed on the cover and provided with motion sensors to welcome with light people approaching the bench. Furthermore Aster permits to control the lights depending on the desired activity: relaxing, working, chatting and reading. All of this is completed with a wi-fi connection, a must for being social in recent days. Aster is a young and innovative object that furnishes the city. The concrete modules can be used also independently providing a composition of two loungers and a small table that match perfectly with the main product. The whole collection is the ultimate tool to decor the city by creating innovative and advanced landscape. Aster is the representation of an object that becomes a place where to rest, connect, relax and… kiss.

Aster es una cómoda tumbona urbana equipada con una gran variedad de accesorios que ofrece refugio y unos extras revolucionarios. Dispone de un sistema acústico integrado compuesto por cuatro altavoces de excitación que permite que la tumbona emita música a través de su estructura. Gracias a este sistema, los más soñadores pueden contemplar el cielo mientras escuchan música transmitida por el Bluetooth de sus smartphones, a la vez que se refugian bajo la cubierta de cristal. Al mismo tiempo, los amantes de la naturaleza pueden escuchar una reproducción de gorjeos de pájaro durante el día y de cantos de cigarra por la noche, lo que les permite encontrar, en un rincón de la ciudad, un lugar más próximo a la naturaleza y lejano a la gris y ruidosa ciudad. Aster está equipado con un sistema de iluminación OLED ubicado en la cubierta y que dispone de sensores de movimiento para dar una luminosa bienvenida a la gente que se acerca a él. Además, permite controlar las luces dependiendo de la actividad deseada: relajarse, trabajar, conversar o leer. Todo esto se completa con una conexión wifi, indispensable para socializarse hoy en día. Aster es un objeto juvenil e innovador que amuebla la ciudad. Los módulos de cemento pueden emplearse de manera independiente, ya que ofrece una composición de dos tumbonas y una pequeña mesa que conjunta perfectamente con el producto principal. La colección al completo es la mejor herramienta para decorar la ciudad, ya que crea un paisaje novedoso y moderno. Aster es la representación de un objeto que se convierte en un lugar para descansar, conectarse, relajarse y... besarse.

Studio: Emo design
Designer: Neri Spa
Materials: Structure: white powder painted iron
Base: concrete Cover: glass
Typology: Urban Lounger
Dimensions: L 2490 X W 1450 X H 2325 cm
www.emo-design.it - www.neri.biz
ITALY

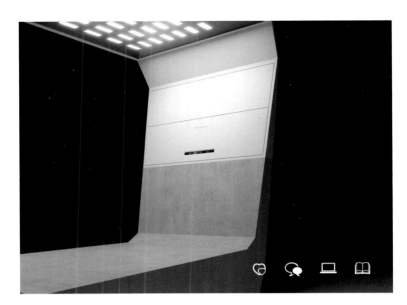

BYE BYE WIND

The "Bye bye wind" solves one of the main problem during a dining: the action of wind. This set of table and chairs permits to use also paper or plastic plates/glasses without that they fly in presence of wind through simple grooves in the table that block paper or plastic plates/glasses when they are empty. In the centre of table there is a hidden crushing bottles. While the chairs in the back have a container that works to accommodate objects of various typology (from cellular to tools). MORPHOLOGIES. The set is composed by a table, four chairs and a cover with fluid forms. At the four corners of the table there are four grooves with different functions: for spices; for foods; for tools.

Bye bye wind (Adiós viento) ofrece la solución a uno de los principales problemas durante la comida: la acción del viento. Este conjunto de mesa y sillas permite el uso de platos y vasos de plástico o cartón sin que salgan volando a causa del viento gracias a unos sencillos surcos en la mesa que contiene los vasos y platos de plástico o cartón cuando están vacíos. En el centro de la mesa, se esconde un aplastador de botellas. La parte trasera de las sillas tiene un compartimento que sirve para dejar objetos de diversa tipología, desde teléfonos móviles hasta utensilios. COMPOSICIÓN: El conjunto está compuesto por una mesa, cuatro sillas y una cubierta con una forma flexible. En las cuatro esquinas de la mesa, hay cuatro surcos con diferentes funciones: para especias, comida, utensilios.

Studio: Brain Factory
Design by Marco Marotto & Paola Oliva
www.brainfactory.it
ITALY

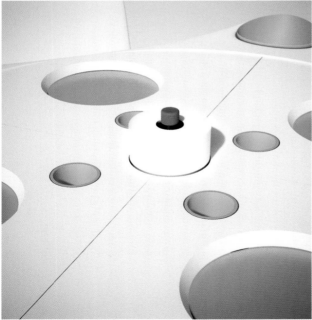

UGO

Ugo is an aid for children with Cerebral Palsy. It aims at improving the mobility of the child by providing more freedom of movement, as well as ensuring support for movements that children with Cerebral Palsy cannot do on their own. The main vision of the project is to make life easier for the children and people around them by developing an aid, which fulfills their main everyday needs as well as contributing to the freedom of movement of the children, which ultimately may also affect the development of their personality. Ugo is a motorized aid that permits changing the sitting height with a wireless remote, from a table height, to a walking height and all the way down to the floor, thus the child is able to walk, play on the ground and reach a table height. The motor uses a rechargeable battery located at the base of the aid's column. The wireless remote allows the child to select the height he/she wants to be sitting at. It also has a button that allows the parents to override the remote function, adjusting three default heights as well as locking the seat on a specific height. The seat corrects the child's body posture, keeping a better and more natural balance. In some cases, this seat corrects the posture in such an extent, that the use of seat belts becomes unnecessary. The project was a master thesis done in collaboration with Søren Mølgaard Laustsen, with help from Aalborg University and Meyland-Smith.

Design: Roberto Reyes
www.behance.net/TobeRP
DENMARK

Ugo es un dispositivo de ayuda para niños con parálisis cerebral. Su objetivo es mejorar la movilidad del pequeño dándole más libertad de movimiento, así como garantizar ayuda en los movimientos que los niños con esta enfermedad no pueden realizar por sí solos. La principal finalidad del proyecto es hacer más fácil la vida de los niños y de la gente que les rodea desarrollando un dispositivo de ayuda que satisfaga sus principales necesidades diarias y contribuyendo a la libertad de movimiento de los niños, que, a la larga, puede incidir en el desarrollo de su personalidad. Ugo es una ayuda motorizada que permite modificar la altura del asiento con un mando inalámbrico, desde la altura de una mesa hasta una altura adecuada para caminar o llegar al suelo. De este modo, el niño puede caminar, jugar en el suelo y llegar a la altura de una mesa. El motor emplea una batería recargable situada en la base de la columna del aparato. El mando inalámbrico permite al niño seleccionar la altura que desee para sentarse. También tiene un botón que deja que los padres anulen la función remota y ajusten tres alturas por defecto o bloqueen el asiento en una altura determinada. El asiento corrige la postura corporal del niño proporcionando un equilibrio mejor y más natural. En algunos casos, este asiento corrige la postura hasta el punto que el uso del cinturón ya no es necesario. El proyecto fue una tesis de máster hecha en colaboración con Søren Mølgaard Laustsen y con la ayuda de la Universidad de Aalborg y la empresa Meyland-Smith.

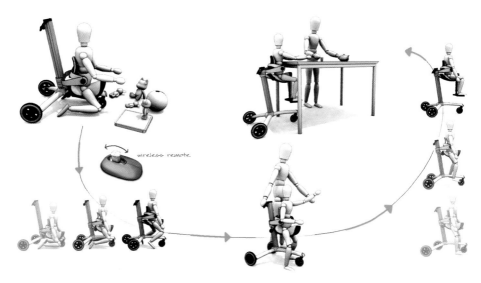

wireless remote.

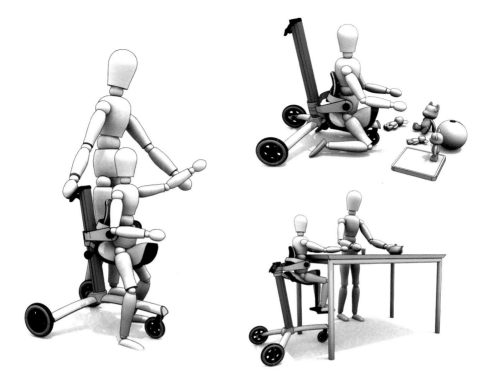

PORADA - POCKET CHAIR

The "pocket chair" thanks to its rear pocket can hold small items of daily use to have them at your fingertips. An innovative concept with an original design that meets the practical needs of daily living.
Porada - Furniture Design Award 2012.

La «silla bolsillo», gracias a su bolsillo trasero, puede contener pequeños objetos de uso diario para tenerlos al alcance de la mano. Un concepto innovador con un diseño original que satisface las necesidades prácticas del día a día. Premio Porada Furniture Design Award en 2012.

Studio: Brain Factory
Design by Marco Marotto & Paola Oliva
www.brainfactory.it
ITALY

SWATCH RING

The Swatch Ring concept Watch represents the maximum simplification of a traditional wristwatch through its elimination of numbers and hands in favor of the two rings. This minimalist design provides both a clean and simple look that marries perfectly with the watch's eye-catching aesthetic. It's signature crown still provides an effective means for changing the hour while its hidden e-ink screen shows off the vivid color bands with exceptional definition, ultimately maintaining an analog aspect while also providing a longer battery life. JVG is a Madrid-based studio founded by Javier Vallejo García.

El Swatch Ring Watch supone la máxima simplificación del reloj de pulsera tradicional mediante la eliminación de números y agujas, proporcionando un aspecto limpio y sencillo en contraste con el color de la pareja de anillos encargados de representar el tiempo. Bajo este diseño minimalista que conserva la tradicional corona para el cambio de hora, se esconde una moderna pantalla e-ink que permite mostrar las bandas de color con una definición excepcional, manteniendo el aspecto analógico y proporcionando una larga duración de la batería. JVG es el estudio madrileño de Javier Vallejo García.

Studio: JVG
Design by JVG
www.jvgstudio.com
SPAIN

Design for JVG

NESTOR

Having a life-long fascination of audio equipment, and seeing the great sculptural potential of speakers, it was only a question of time for when a speaker concept, would find its way to your sketchbook. This time came at a rainy November day in Copenhagen, after reading an article. It explained why a rounder speaker cabinet (ideally spherical) performs better than a box shaped cabinet. He was left wondering why so many high-end speakers are box-shaped (to this day I still am), however, a fiery motivation for designing an unconventional speaker had ignited, and soon after Nestor started taking shape. The concept is your vision of a different speaker, designed to look technically convincing, yet sophisticated and delicate. The streamlined cabinets have great acoustical shapes, and Nestor is well balanced between having contemporary aesthetics, and the physical ability to deliver sound of the highest quality. One of the great things about Nestor is that it's not designed to be a discreet peripheral in a living room. It demands attention at the same level as a lounge chair or coffee table, thus actively complementing to the overall interior. It's for the serious audiophile, who's not afraid to show off a passion that simply cannot fit in tiny, hidden-away audio systems.

Sintiendo toda su vida una gran fascinación por los equipos de audio y viendo el gran potencial escultural de los altavoces, era solo cuestión de tiempo que encontrara la manera de plasmar el concepto de un altavoz en su cuaderno de bocetos. Esta vez surgió durante un día lluvioso de noviembre en Copenhague tras leer un artículo. En él, se explicaba por qué un altavoz redondo, idealmente esférico, funciona mejor que uno con forma de caja. Se quedó pensando por qué tantos altavoces de gama alta tienen forma de caja (actualmente aún se lo pregunta). Sin embargo, la impetuosa motivación de diseñar un altavoz poco convencional se encendió y, poco después, Nestor empezó a tomar forma. El concepto se basa en un altavoz diferente, diseñado para parecer técnicamente convincente, aunque sofisticado y elegante. Las cajas con un diseño funcional tienen buenas formas acústicas y Nestor está bien equilibrado entre una estética moderna y la habilidad física de ofrecer un sonido de la más alta calidad. Una de las mejores cosas de Nestor es que no está diseñado para ser un periférico discreto en el salón. Llama la misma atención que un sillón o una mesa de centro, por lo que complementa el interior en general. Es para los grandes aficionados a la música que no tienen miedo de presumir de una pasión que no encaja con los sistemas de audio diminutos y escondidos.

Design: Morten Grønning
www.groenning.me
DENMARK

ROLZY

Rolzy is a highly interactive radio. The concept for the radio is based on logical gestures, which are used to create a highly logical interface design. There is a large rubber wheel on thebackside of the radio that acts as a controller and indeed, as a wheel. The radio is switched on when you roll it away from yourself. When rolling the radio further, the volume increases. The radio has two buttons to scan the frequencies. The phletora of different radiusses and slanted angles and provides a unique appearance that is inspired by imperfections.

Rolzy es una radio muy interactiva. El concepto de esta radio está basado en los gestos lógicos, que se han utilizado para crear un diseño de interfaz muy intuitivo. En la parte posterior de la radio hay una gran rueda de goma que sirve de control y también de rueda. La radio se enciende cuando la alejas de ti. Si la alejas un poco más, el volumen aumenta. La radio tiene dos botones para buscar las frecuencias. La plétora de distintos radios y ángulos oblicuos le da una apariencia única inspirada en las imperfecciones.

Materials: ABS / anodised aluminium
Dimensions: 195 x 115 x 12 mm
Weight: 290 gr.
Designer: Jasper de Leeuw
www.leeuw-vormgeving.nl
NETHERLANDS

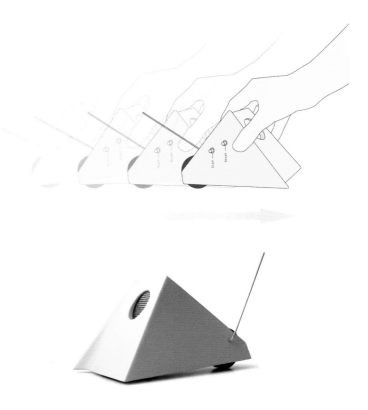

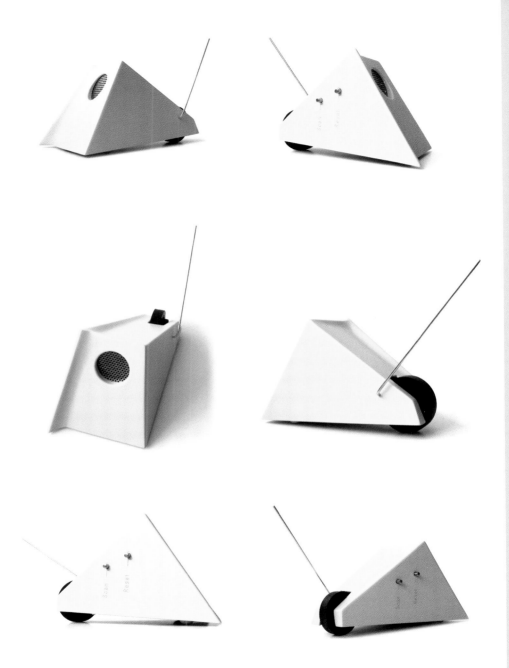

SOLID GRAY

The original Solid Gray is a backpack with a unique design, and a unique story. The backpack is folded out of a single sheet of high-tech polymer material. Cut out by a computer and assembled by hand. This technique is a first in consumer products, and creates a superstrong, lightweight backpack with exceptional form and function. The design is finished with clever details like locks and snaps, all made from the same material. The starting principle for this high tech design is biomimicry. When looking at the Solid Gray backpack, it is not hard to discover crustaceans, armadillos and pill bugs as sources of inspiration. These examples all use a clever combination of material and structure to create a stiff shell out of a minimal amount of material. We design using "old-fashioned" sketches and cardboard models in conjunction with modern techniques like cnc prototypes in order to develop a design that is finished down to the smallest details. This hands-on approach to design, and the technical complexity in our products often cause us to develop a staggering amount of prototypes and experimental models.

La original Solid Gray (Gris sólido) es una mochila con un diseño y una historia únicos. La mochila está hecha a partir de una única lámina de polímero de alta tecnología. Diseñada por ordenador y montada a mano, esta técnica es toda una primicia en los productos de consumo, que crea una mochila ligera y muy resistente con una forma y una función extraordinarias. El diseño tiene un acabado con unos detalles ingeniosos, como los cerrojos y broches, todos hechos con el mismo material. El principio inicial de este diseño de alta tecnología es la biomímesis. Cuando miras la mochila Solid Gray, no es difícil descubrir que las fuentes de inspiración han sido los crustáceos, los armadillos y las cochinillas. Todos estos ejemplos combinan ingeniosamente el material y la estructura creando una cáscara dura a partir de una mínima cantidad de material. La diseñamos utilizando bocetos «antiguos» y modelos de cartón junto con técnicas modernas, como prototipos CNC, para desarrollar un diseño con un acabado que cuida hasta el más mínimo detalle. Este enfoque práctico en el diseño y la complejidad técnica de nuestros productos normalmente hacen que desarrollemos una cantidad asombrosa de prototipos y modelos experimentales.

Materials: Polypropene block copolymer / Ethylene propylene diene monomer / Polypropene / Natural latex rubber / Aluminum
Dimensions: 500 x 320 x 200 mm
Weight: 1150 gr..
Designer: Jasper de Leeuw
www.leeuw-vormgeving.nl
NETHERLANDS

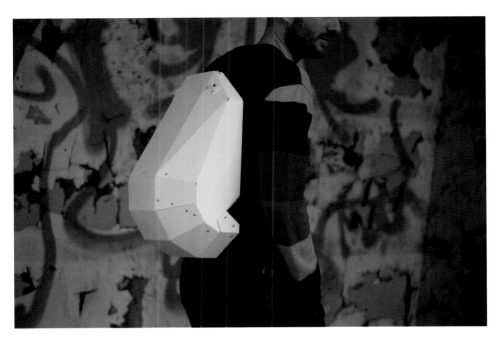

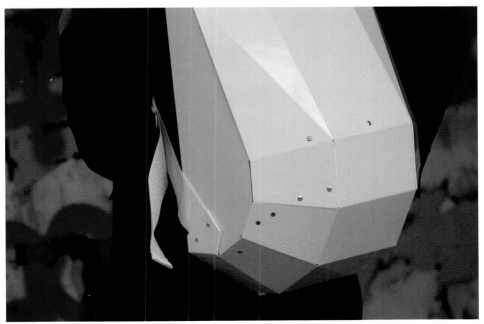

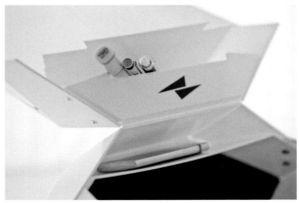

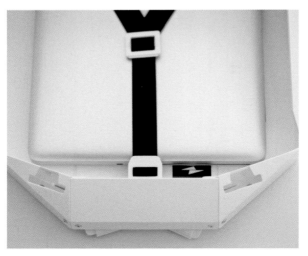

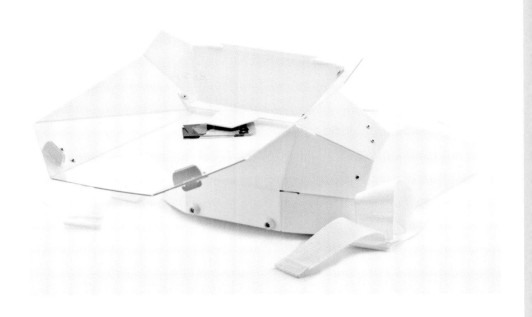

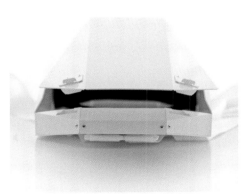

4 REST

The wanted to make a multi function furniture with a rocking chair, table, book-shelf and lamp combined. The 4-rest is inspired by the forest. Natural material and a edge (postmodern) paint. The wanted to make something unusal at the borderline to what many people think is ugly. A tought I got inspired from the Memphis group. The rocking-chair has a build in lamp that glowes nicely trough the splines. At the side is a small hole covered with blue acrylic for replacementof of the lamp. There is also room for one or two a books on the side. The whole chair can also be fliped and used as a table.

Quería hacer un mueble multifuncional combinando una mecedora, una mesa, una estantería y una lámpara. El 4-rest está inspirado en el bosque: materiales naturales y una pintura vanguardista posmoderna. Quería realizar algo inusal que estuviera en el límite de lo que mucha gente considera feo. Me inspiré en el grupo Memphis. La mecedora tiene una lámpara integrada que irradia luz a través de las tablillas. En el lateral, hay un pequeño agujero cubierto con acrílico de color azul para poder cambiar la lámpara. También cuenta con un espacio para uno o dos libros. La mecedora puede voltearse y usarse como mesa.

Designer: Nicklas Ekstrand
www.nicklasekstrand.com
SWEDEN

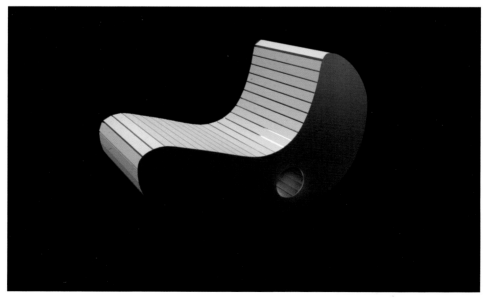

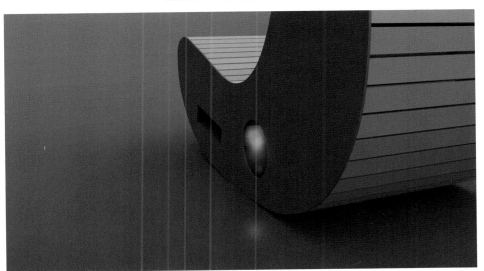

DOG1BAG

This is the final result from a course in Rhino 3D software. The task was to make a suitcase. After searching new marketsegments I discoverd the lack of smart and nice looking travel cages for small pets. The final design is a traveling cage for small pets such as dogs and cats. It can be used as draging cart or as a regular suitcase. Airintakes is places on the sides and the concealed area is comfy and blocks sunlight and sounds. The transperent front gives a contact with the owner. The sides is slightly raised to protect the glas. The backwheels is big and external the case for easier transport on pebbles and mud. The sidehandles is perfect for seatbelt strapping. Inside is a food and waterbowl and can be refilled from the outside via pipes. Rubber caps is removed and the water goes down in pipes to the bowl. I wanted to make a multi function furniture with a rocking chair, table, book-shelf and lamp combined. The 4-rest is inspired by the forest. Natural material and a edge (postmodern) paint. I wanted to make something unusal at the borderline to what many people think is ugly. A tought I got inspired from the Memphis group. The rocking-chair has a build in lamp that glowes nicely trough the splines. At the side is a small hole covered with blue acrylic for replacementof of the lamp. There is also room for one or two a books on the side. The whole chair can also be fliped and used as a table.

Este es el resultado final tras realizar el curso del programa informático Rhino 3D. La tarea consistía en hacer una maleta. Tras buscar nuevos segmentos de mercado, descubrí que faltaba una bolsa de viaje elegante y bonita para las pequeñas mascotas. El diseño final muestra una maleta de viaje para mascotas pequeñas como perros y gatos. Puede usarse como carrito o como una maleta normal y corriente. Las entradas de aire se encuentran en los laterales y la zona oculta es cómoda y está aislada del sol y de los ruidos. La parte frontal transparente permite mantener el contacto con el dueño. Los laterales están ligeramente elevados para proteger el vidrio. Las ruedas traseras son grandes y están separadas de la caja para que el transporte sobre piedras y barro sea más fácil. Las asas de los laterales son perfectas para pasar un cinturón. En el interior hay recipientes para la comida y el agua y pueden rellenarse desde el exterior mediante tubos. Los tapones de goma se pueden extraer y el agua llega al bol a través de los tubos. Quería hacer un mueble multifuncional combinando una mecedora, una mesa, una estantería y una lámpara. El 4-rest está inspirado en el bosque: materiales naturales y una pintura vanguardista posmoderna. Quería realizar algo inusual que estuviera en el límite de lo que mucha gente considera feo. Me inspiré en el grupo Memphis. La mecedora tiene una lámpara integrada que irradia luz a través de las tablillas. En el lateral, hay un pequeño agujero cubierto con acrílico de color azul para poder cambiar la lámpara. También cuenta con un espacio para uno o dos libros. La mecedora puede voltearse y usarse como mesa.

Designer: Nicklas Ekstrand
www.nicklasekstrand.com
SWEDEN

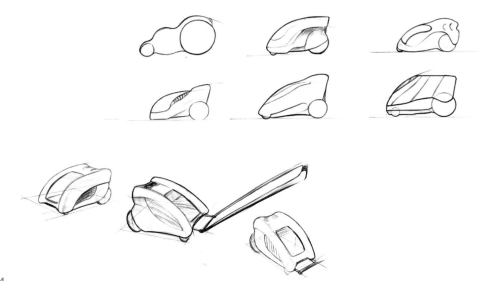

Dog|Bag

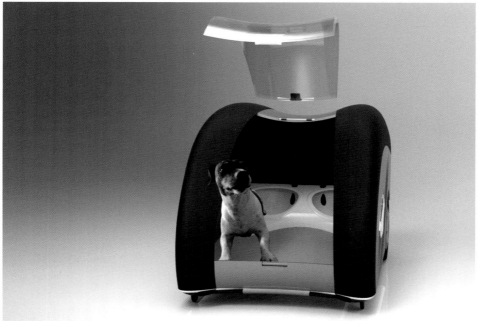

Design for Nicklas Ekstrand

DOG BAG

STEALTH ARMCHAIR

Concept chair for meeting rooms, reception. Inspired by the shape of the product plane F-117 "stealth". The basis of the image is minced and expressive forms. The box is made of plastic, the support made of metal, soft elements are made of plywood, covered with synthetic padding above and covered with leather. Also, I was influenced by the works of Russian Suprematist and the German Bauhaus. Their geometricity and sharpness close to me too. In this concept I was trying to combined the expressiveness of deconstructionists and geometric of Suprematist. The back of the chair is the lumbar, the depth of armchairs - big, people can relax in him. The soft elements inside armchair also contribute to this. Form chairs designed from many triangle. Each side of the triangle is connected to the face near triangle. By the principle of fractal. The kit also includes tables and lamp. They are solved in the same plasty. Minimalism and geometric of the kit accentuate the color scheme - it uses monochromatic color. The housing - white, soft element and support - black and gray. This creates an architectural image. Chair will look well in a futuristic interior and classic, in contrast to him. Due to the use of plastic and metal thin-section - the mass chairs will be small and it will be mobile.

Silla conceptual para salas de reuniones o recepciones inspirada en la forma del avión furtivo F-117. Su aspecto está basado en formas troceadas y expresivas. La caja está hecha de plástico, el soporte, de metal y los elementos mullidos, de contrachapado recubierto con un relleno sintético y cuero. Las obras de los suprematistas rusos y la Bauhaus alemana me influenciaron y me acerqué a su geometría y definición. En este concepto, traté de combinar la expresividad de los deconstruccionistas y la geometría de los suprematistas. El respaldo de la silla es lumbar y, gracias a la profundidad de los sillones, la gente de complejidad grande puede relajarse en ella. Los elementos mullidos de la parte interior del sillón también contribuyen a ello. Son sillas diseñadas a partir de muchos triángulos. Cada lado del triángulo conecta con la cara de otro triángulo según el principio fractal. El kit incluye una mesa y una lámpara, ambas hechas con el mismo material. El minimalismo y la geometría del conjunto acentúan el esquema de color: emplea un color monocromático. El armazón es blanco y los elementos mullidos y el soporte son negros y grises. Esto crea una imagen arquitectónica. La silla queda bien tanto en un interior futurista como en uno clásico, ya que contrasta. Debido al uso de una lámina fina de plástico y metal, las sillas son pequeñas y transportables.

Designer: Svyatoslav Boyarince
www.behance.net/Svyatoslav
RUSSIA

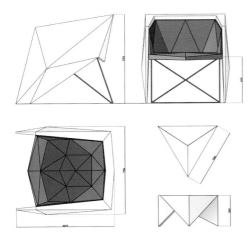

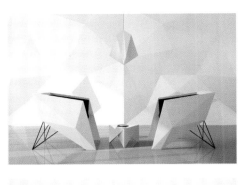

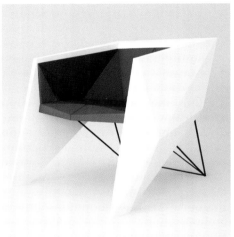

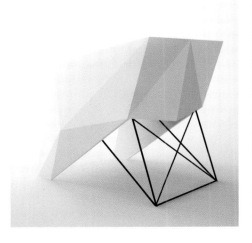

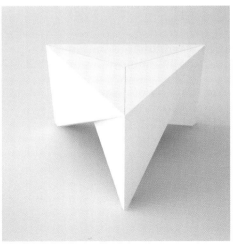

FLASHMOP

Flashmop is not a tongue twister but it is an expression that emphasizes the desire to clean swiftly! How much water is wasted every day for cleaning of apartments, hotels, hospitals, gyms, etc.? FLASHMOP is a system that retrieves the water produced from the sink, purifies it and collects it in the bucket of mop under the washbasin. The bucket is hidden, incorporated under the sink and with a simple gesture, you pull and it is ready for the use. Cleaning at your fingertips!! The system consists of:
1) wash basin that serves as a bowl (when someone uses the bowl, the sink works the same).
2) purification system with activated carbon filter.
3) mop incorporated under the washbasin.
4) laser that measures the water's level and when the bucket is full, it diverts the water into another pipe.
5) bar code system that when the bucket is moved, it diverts the water into another pipe. With FLASHMOP cleaning has never been so easy and fun!.

Flashmop no es un trabalenguas sino una expresión que acentúa el deseo de limpiar con rapidez. ¿Cuánta agua se gasta cada día para limpiar apartamentos, hoteles, hospitales, gimnasios, etc.? Flashmop es un sistema que recupera el agua de la pila, la purifica y la acumula en el cubo de la fregona bajo el lavabo. El cubo está escondido e integrado bajo la pila. Con un simple gesto, estiras y ya está preparado para usarse. ¡La limpieza al alcance de tu mano!. Este sistema está formado por:
1) Una pila que sirve como barreño (cuando alguien utiliza el barreño, la pila sigue funcionando igual).
2) Sistema de purificación con filtro de carbón activado.
3) Fregona incorporada debajo de la pila.
4) Láser que mide el nivel del agua y cuando el cubo está lleno, desvía el agua a otra tubería.
5) Sistema de código de barras que, cuando el cubo se extrae, desvía el agua a otra tubería. ¡Con FLASHMOP, limpiar nunca había sido tan fácil y divertido!.

Studio: Brain Factory
Design by Marco Marotto & Paola Oliva
www.brainfactory.it
ITALY

MANY DIFFERENT CONFIGURATIONS, COLORS AND USES

WATER REUSE SYSTEM

flash
mop

flash
mop

Closed Configuration   Open Configuration

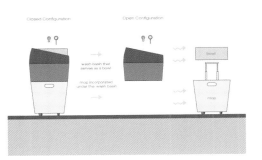

wash basin that
serves as a bowl

mop incorporated
under the wash basin

bowl

mop

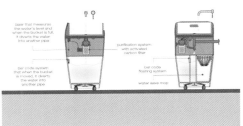

base that measures
the water's level and
when the bucket is full,
it diverts the water
into another pipe

purification system
with activated
carbon filter

bar code system
that when the bucket
is moved, it diverts
the water into
another pipe

bar code
flushing system

water wave mop

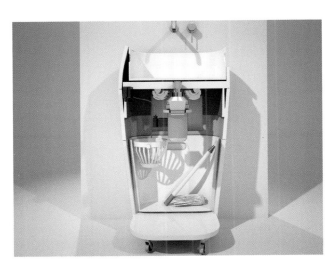

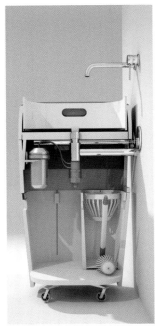

TUBE

They developed the pellet stove Tube following the need for a rounded shape and the neat design as main design drivers to follow the trends of wood stoves. The pellet stove Tube, characterized by no fancies and geometric essentiality aims to the market of Nordic wood stoves where simplicity is a must. Balanced proportions combined with the reduced diameter (only 52 cm) give a contemporary appeal to this product that reminds mood and style of the wood stove world. Tube introduces a familiar and versatile style, thought to satisfy the final user that will have the opportunity to experiment new interior design solutions, optimizing spaces and introducing a new colour as the bronze obtained from a special paint. This stove approaches the minimalist design ideals by hiding the air vent, one of the most visible and visually intrusive technical part of pellet stoves, replacing them with a tiny slit that runs along its circumference between the machine body and the conical aluminium top.
In few words, this is the first pellet stove fully hiding his technological complexity!

Han desarrollado la estufa de pellets Tube con el fin de obtener una forma redondeada y un diseño cuidado como principales impulsores del diseño siguiendo las tendencias de las estufas de leña. La estufa de pellets Tube, caracterizada por su sobriedad y esencialidad geométrica, va dirigida al mercado de estufas de leña nórdicas, donde la simplicidad es esencial. Las proporciones equilibradas combinadas con un diámetro reducido (solo 52 cm) dan un atractivo moderno a este producto que recuerda a la clase y estilo del mundo de las estufas de leña. Tube presenta un estilo familiar y versátil pensado para satisfacer al usuario final, que tendrá la oportunidad de experimentar nuevas soluciones para el diseño de interiores, ya que optimiza los espacios e introduce un nuevo color, el bronce, obtenido de una pintura especial. Esta estufa se aproxima a los ideales del diseño minimalista al esconder el conducto de ventilación, una de las partes técnicas más visibles y visualmente intrusivas en las estufas de pellets, y sustituyéndolo por una rendija diminuta que se extiende a lo largo de su circunferencia entre el cuerpo de la máquina y la parte superior cónica de aluminio. En resumen, esta es la primera estufa de pellets que esconde por completo su complejidad tecnológica.

Studio: Emo Design
Design: Emo design
Materials: steel, cast aluminium
covers in powder coated iron
Typology: pellet stove
Dimensions: H 1200 mm x Ø 520 mm
Producer: MCZ
www.emo-design.it
www.mcz.it
ITALY

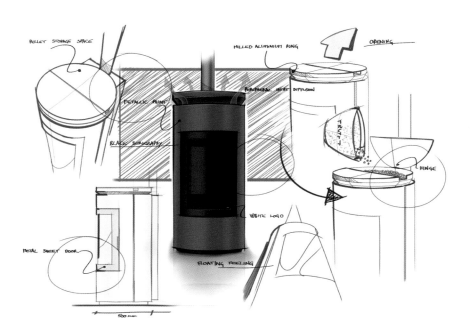

ABC SCREEN BOOK

ABC Screen Book is a device for children learning to read and write. It combines sounds, images and texture to make the learning process faster and funnier. In some educational systems the children are given a set of letters cut out in either soft sandpaper or textured surfaces. By following the shape of the letter with their fingertips, children start learning the way the letters look, little by little they relate sounds to a specific letter and then to words. The plastic texture allows the child to memorize the letters faster, literally by feeling their shape while writing them; just like the rough textures used in traditional systems. ABC is a tool for helping children, therefore can be used in schools or at home. Its simple interface is easy to understand by the children, so they can take it by themselves and start practicing.

El libro electrónico ABC es un dispositivo para niños que están aprendiendo a leer y a escribir. Combina sonidos, imágenes y texturas para que el proceso de aprendizaje sea más rápido y divertido. En algunos sistemas educativos, se les da a los pequeños un conjunto de letras recortadas en un suave papel de lija o en una superficie con textura. Repasando la forma de la letra con la yema del dedo, los niños empiezan a aprender cómo son las letras y, poco a poco, relacionan los sonidos con una letra en concreto y, posteriormente, con palabras. La textura de plástico permite que el crío memorice las letras más rápido, sintiendo literalmente sus formas mientras las escribe, igual que con las texturas rugosas empleadas en los sistemas tradicionales. ABC es una herramienta que ayuda a los más pequeños y, por lo tanto, puede utilizarse en el colegio o en casa. Su interfaz sencilla es fácil de entender, por lo que pueden llevárselo consigo y empezar a practicar.

Design: Roberto Reyes
www.behance.net/TobeRP
DENMARK

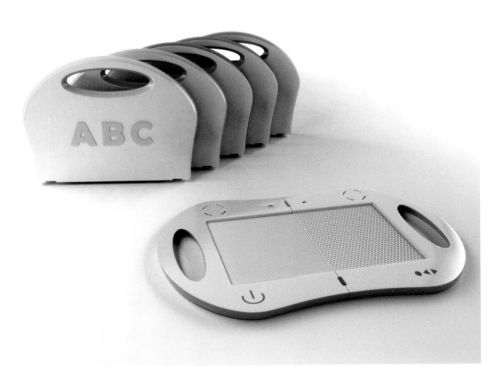

LEGGIO ARMCHAIR

The chair is designed for relax moment in the company of a good book. Inspired by "Dormitio" of Gio Ponti, it wanted to give something more: the wooden rod in the rear seat has a dual function: as to bookmark, as for carry itself. The seat is designed in solid beechwood lacquered. The side profiles are made from a single piece of aluminium.

The design concept was inspired by the seat of Giò Ponti: the armchair Dormitio in solid beechwood stained or painted in various colors and seat stuffed by hand. Even the session proposal is to evoke the comfort of a nice break after a long day at work, enriching their own time with moments of reading: a deliberate break with the modern efforts. For a moment of relaxation, a wanted break or for any other occasion of carelessness, the armchair is allowed to use ergonomic and relaxing. The seat, provides the ability to enjoy complete peace of mind a good read, but not only, every time you want to take a break, the armchair offers the opportunity to put the book in a way that mark the page where you stopped. In addition to the bookmark, the wooden rod place in the back, can be used for the transport of the armchair. In fact the rod is also studied by the handle, once grabbed the rod, the back can be used as a base to distribute the force and taking up the entire armchair.

La silla está diseñada para esos momentos de relax en compañía de un buen libro. Inspirada en el asiento Dormitio de Giò Ponti, esta butaca quiere ofrecer algo más. La barra de madera en la parte trasera tiene una doble función: de punto de libro y para transportarla. El asiento está construido con madera maciza de haya lacada. Los contornos de los laterales están hechos con una única pieza de aluminio. El concepto del diseño se inspiró en el asiento de Giò Ponti: la butaca Dormitio es de madera maciza de haya teñida o pintada en varios colores y el asiento se rellenó a mano. Su propósito es evocar el confort de un buen descanso tras un largo día de trabajo, enriqueciendo ese rato con momentos de lectura: un descanso deliberado junto con actividades modernas. Para un momento de relajación, una deseada pausa o cualquier otra ocasión para despreocuparse, la butaca permite un uso ergonómico y relajante. El asiento ofrece la posibilidad de disfrutar de una total tranquilidad con una buena lectura. Pero no solo eso. Cada vez que quieras tomarte un descanso, la butaca ofrece la oportunidad de dejar el libro de modo que la página en la que te has quedado queda señalada. Además de punto de libro, la barra de madera situada en el respaldo puede utilizarse para transportar la butaca. De hecho, también se diseñó la barra para hacer de asa. Una vez que agarras la barra, la parte trasera puede usarse como base para repartir la fuerza y levantar toda la butaca.

Studio: Punto Soave
Design: Tomas F. Bordignon & Carlotta Simoncello
www.puntosoave.it
ITALY

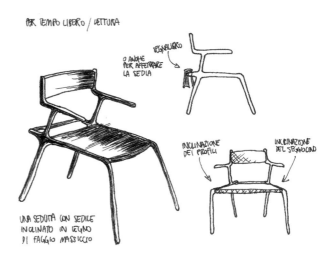

AJORÍ

Ajorí is a creative solution for the organization and storage of seasonings, spices and various condiments adapted to the various cooking habits of each country. The design is inspired by the eternal form of the vegetables. The smart organic design with pure forms makes it a sculptural piece resulting in an excellent reflective ornament and start of a conversation around a table. Ceramic, glass and wood have been used in its manufacture. The fusion of warm and cool materials together with a patient craftsmanship, make the Ajorí a new way of understanding our relationship with the objects around us. The pottery is made through casting technique and finally glazed and hand painted. Brightness and color in subtle tones, matte white background with a light purple touch. The wooden handle reproduces the smooth curves of a garlic stem that has been hand carved and polished in beech wood and conveniently serves to transport the workpiece from one location to another. For the packaging's design we were inspired by the garlics' peel resulting in a singular ecopackaging proposal which completes the design of the piece. Ajorí is an ecological design that respects our planet, inspired by nature and made entirely out of natural materials. This product is intended for both the new cuisine in the restoration professional industry, and the home and gift industry. Ajorí at a restaurant's table or at home is an object that besides its functionality clearly generates positive emotions, not to mention that its symbolic can be an excellent protector of our home or business against bad vibrations.

Ajorí es un una solución creativa de organización y almacenamiento de aderezos, especias y diversos condimentos, adaptada a las diversas costumbres culinarias de cada país. El diseño es inspirado en la forma eterna de los vegetales. Su elegante diseño orgánico de formas puras, la convierten en una pieza escultórica, resultando un excelente ornamento reflexivo e iniciador de conversación alrededor de una mesa. En su fabricación, utilizamos cerámica, vidrio y madera. La fusión de materiales fríos y cálidos, unido a una paciente elaboración artesanal, hacen del Ajorí una nueva forma de entender nuestra relación con los objetos que nos rodean. La cerámica se elabora a través de la técnica del vaciado, para finalmente esmaltar y pintar a mano. Brillo y color en tonos sutiles, fondo blanco mateado con unos ligeros toques morados. El mango de madera reproduce las curvas suaves del tallo del ajo, tallado y pulido a mano en madera de haya, sirve para transportar cómodamente la pieza de un lugar a otro. Para el diseño del packaging, nos hemos inspirado en la piel del ajo, resultando una singular propuesta de ecopackaging que completa el diseño de la pieza. Ajorí es un diseño ecológico respetuoso con nuestro planeta, inspirado en la naturaleza y fabricado íntegramente con materiales naturales. Este producto se dirige tanto a la nueva cocina creativa en el sector profesional de la restauración, como al sector doméstico y de regalo. Ajorí en la mesa de un restaurante o en nuestro hogar es un objeto que además de su clara funcionalidad, genera emociones positivas, sin olvidar que por su carga simbólica, puede resultar un excelente protector de nuestro hogar o negocio frente a las malas vibraciones.

Studio: PhotoAlquimia
Art Director: Carlos Jiménez
Design: Carlos Jiménez, Pilar Balsalobre, Jorge O. Viñas
Illustration and modeling: Pilar Balsalobre, Jorge O. Viñas
Photography: Carlos Jiménez
Artisans: Manuel Sanchez (Ceralfar), Neil Callaghan (Maestro carpintero)
Branding: Aticamk
www.photoalquimia.com
SPAIN

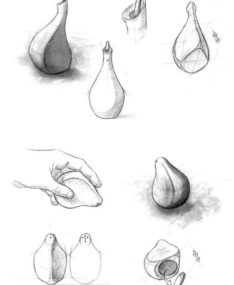

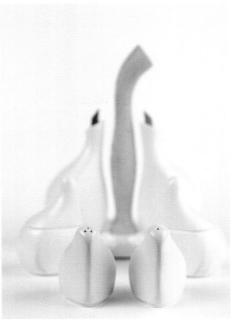

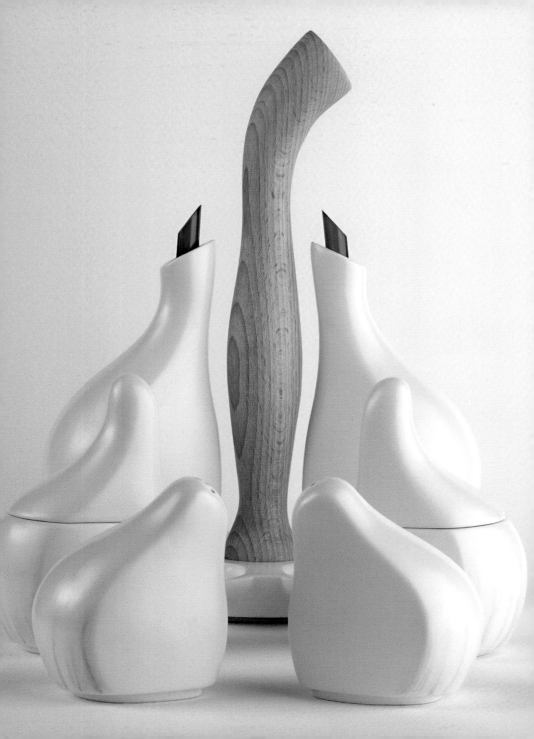

LAPTOP STAND
MADE OF A PIZZA BOX

PIZZA BOX

This is a non profitable project. This idea appeared unexpectedly. Next morning after a party she was cleaning your house and found a few empty pizza boxes. It happened that I needed some stand for your laptop that time, so she started trying out different ideas, the result she really liked came with 4th box which became your new laptop. And to your surprise, it got to be very comfortable, easy and eco safe.

Este es un proyecto poco provechoso. La idea surgió de manera inesperada. A la mañana siguiente de una fiesta, se puso a limpiar la casa y encontró unas cuantas cajas de pizza vacías. Resultó que necesitaba un soporte para el portátil en ese momento, así que empezó a probar varias ideas. El resultado que más le gustó fue el de la cuarta caja, que se convirtió en su nuevo soporte para el portátil y que, para su sorpresa, resultó ser muy cómodo, sencillo y ecológico.

Design: Ilya Andreev
Photo: Ilya Andreev
www.behance.net/iland
RUSSIA

17"

Design for Ilya Andreev

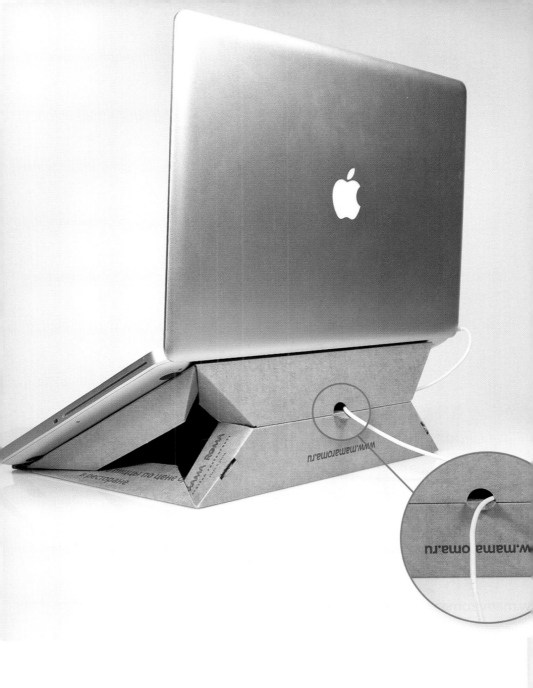

CRASHED UFO

Concept for Crashed UFO lamp was found in human eternal fascination with aliens and life outside of planet Earth. There are so many questions we could ask them if we got a chance to meet them in person. Idea came up one night while I was observing your wall lamp which was throwing light beam just as those light beams from UFO. That observation initiated thinking about possibility of meeting aliens in your own bedroom. They always chose some mysterious and magical places as their landing zone, so it was tempt to make that kind of atmosphere in your interior. Crashed UFO is lamp that celebrates all clichés associated with aliens. Main part is made of plastic in characteristic green color. Switch is in form of little alien that is trying to get out of his crashed flying saucer. The final user could be anyone who is intrigued by this specific topic or for those who just want to make some extraordinary atmosphere in their home.

El concepto de la lámpara Crashed UFO (Ovni estrellado) nace de la eterna fascinación de los humanos por los alienígenas y la vida fuera del planeta Tierra. Hay tantas preguntas que podríamos hacerles si tuviéramos la oportunidad de conocerlos. La idea se le ocurrió una noche mientras observaba su lámpara de pared que estaba lanzando haces de luz como los de los ovnis. Eso le hizo empezar a pensar en la posibilidad de conocer extraterrestres en su propia habitación. Siempre escogen lugares misteriosos y mágicos como zona de aterrizaje, así que le dieron ganas de crear ese tipo de ambiente en su habitación. Crashed UFO es una lámpara que homenajea todos esos tópicos relacionados con los extraterrestres. La pieza principal está hecha de plástico de un característico color verde. El interruptor tiene forma de un pequeño extraterrestre que intenta salir de su platillo volante estrellado. El usuario final podría ser cualquier persona que estuviera interesada en este tema o para los que quieran crear un ambiente insólito en casa.

Design: Ana Babic
www.anababic.com
SERBIA

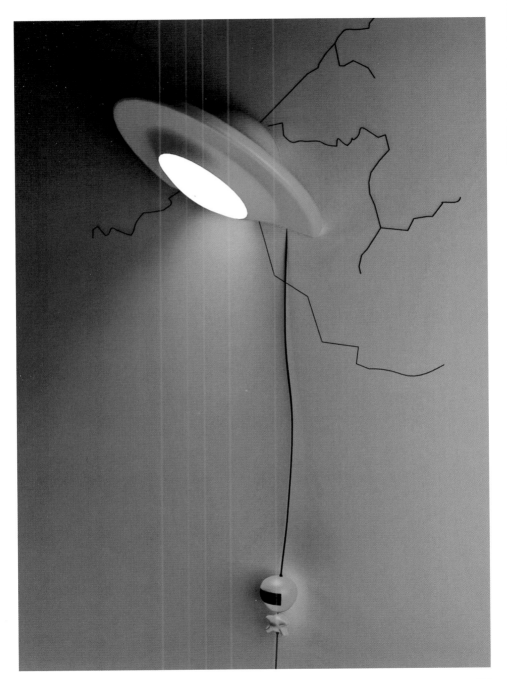

Design for Ana Babic

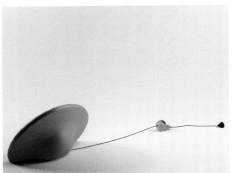

HOW LIGHT

How Light? Is inspired by nature; flowers, whirl-winds and cell structures. Applying these naturlal structures in a new way, he have created a lamp that transforms itself in order to change the intensity of the light it emits. By lowering the stainless steel weight at the bottom of the lamp, the eight petal-like shades of How Light? gradually open up and emits more light. In contrast, when the weight is moved upwards, these petals close themselves in perfect synchrony. The interior mechanism is balanced in such detail, that How Light? stays in any position it is released in, emitting the exact amount of light desired for the situation. It is possible to position the shades to suit your every need. When fully opened the lamp provides a flood of light to function as a work light. When fully closed, the amount of light emitted is reduced sufficiently to function as a moodful ambient light. Since the process is completely analogue, there isn't any desired atmosphere How Light? cannot easily cater to. This design reflects the fact that regular light dimmers do not reduce the amount of energy consumed. Your approach transforms the lamp itself into a dimmer, controlling the amount of light emitted in a way that is both high tech and low tech at the same time.

La lámpara "How Light?" está inspirada en la naturaleza, las flores, los torbellinos y las estructuras celulares. Poniendo en práctica estas estructuras naturales de un nuevo modo, ha creado una lámpara que se transforma para cambiar la intensidad de la luz que emite. Si se baja la pesa de acero inoxidable hasta la base de la lámpara, las ocho pantallas con forma de pétalo de la How Light? se abren gradualmente y emite más luz. En cambio, cuando la pesa se desplaza hacia arriba, los pétalos se cierran en perfecta sincronía. El mecanismo interior está equilibrado de tal manera que How Light? se mantiene en cualquier posición que se haya dejado emitiendo la cantidad exacta de luz deseada para la situación. Es posible posicionar las pantallas para que se adecue a todas las necesidades. Cuando está totalmente abierta, la lámpara proporciona un torrente de luz que sirve como lámpara de trabajo. Cuando está totalmente cerrada, la cantidad de luz emitida se reduce lo suficiente para hacer de luz ambiental. Como el proceso es totalmente analógico, no hay ningún tipo de ambiente que How Light? no pueda conseguir. Este diseño refleja el hecho de que los reguladores de intensidad de luz habituales no reducen el consumo de energía. Esta propuesta transforma la lámpara en un regulador que controla la cantidad de luz emitida de tal modo que hace que sea de alta y baja tecnología a la vez.

Materials: Aluminum / polycarbonate / stainless steel
Weight: 5 kg
Available colors: white
Light source: fluorescent light
Diameter: 65 cm
Mounting height: 80cm
Designer: Jasper de Leeuw
www.leeuw-vormgeving.nl
NETHERLANDS

YOVIS

The aim of the project is to combine innovation and taste. Design of a new bottle made of innovative material for a famous brand of limoncello that wanted to relaunch its product in a higher market segment. Taking advantage of the particular thermal characteristic of Vulcocer (a ceramic material composed of pulverized lava - patent n°0001369745) the limoncello content in it remains at a constant temperature. This product combines intelligence, attention to detail, elegance, strength and especially history linked to the origin of this kind of liqueur. Limoncello is an Italian lemon liqueur mainly produced in Southern Italy.

El objetivo de este proyecto es fusionar innovación y gusto. Diseño de una nueva botella hecha de un material innovador para una famosa marca de limoncello que quería relanzar su producto en un segmento de mercado más elevado. Aprovechando la característica especial térmica del Vulcocer, un material de cerámica hecho con lava pulverizada (patente n°0001369745), el licor de limón que hay dentro se mantiene a una temperatura constante. Este producto combina inteligencia, detallismo, elegancia, fuerza y, sobre todo, muestra la historia y los orígenes de este tipo de licor. El limoncello es un licor de limón italiano principalmente producido en el sur de Italia.

Designer: Roberto Nicolo and Claudio Formicola
Photographer: Francesca Crispino
Production: Contrada Yovis
www.robertonicolo.com
UNITED KINGDOM

HUG

Hug is a monolithic stool, designed to match with the brand Elite that has always been synonymous of material research and planning philosophy influenced by exotic cultures.
Handcrafted and characterized by the use of irregular and worn pieces of wood, this stool captures and amazes. The colourful rope detail, in contrast with the natural main body, permits to move Hug from a room to another and gives a strong personality to a simple "piece of wood". A sincere Hug.

Hug es un taburete monolítico diseñado para encajar con la marca Elite que siempre se ha caracterizado por la búsqueda de materiales y una filosofía de planificación influenciada por las culturas exóticas. Hecho a mano y caracterizado por el uso de piezas irregulares y desgastadas de madera, este taburete llama la atención y asombra. El detalle de la cuerda en un color vivo, en contraposición al cuerpo principal natural, permite mover el taburete de una habitación a otra y aporta una fuerte personalidad a una sencilla «pieza de madera».

Studio: Emo Design
Design: Emo design
Material: white teak
Typology: furnishing accessory
Dimensions: W 30 x D 30 x H 42 cm
Producer: Elite
www.emo-design.it
www.elite-spa.it
ITALY

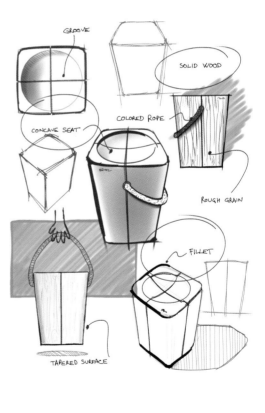

ZHEN

Zhen is a set of modular upholstered furniture. An interesting result we obtained when compiling a wooden base with upholstered seats. Wooden bottom of the furniture is not only a base, but also pop-up table, and even places to floral composition. Also interesting is the possibility to exchange the sides of the furniture. This way you can create a huge amount of unique types of furniture.

Zhen es un mobiliario modular tapizado. Obtuvimos un interesante resultado cuando compilamos una base de madera con asientos tapizados. La parte inferior de madera no es solo una base, sino también una mesa desplegable que incluso sirve para poner composiciones florales. También es interesante la posibilidad de intercambiar las partes del mueble. De este modo, se pueden crear una gran variedad de muebles únicos.

Studio: Redo Design Studio
Design: Radoslaw Nowakowski
www.redodesign.eu
POLAND

WKKR SPEAKER

Wekker is the Dutch word for alarm-clock. Wkkr speaker is an experiment of form and association. It combines the iconic forms of an alarm-clock and a speaker. The design is made to evoke thoughts of loudness, bells ringing and waking up. By combining these two archetypes, a new form is created that looks so strangely familiar, it seems like it has always excisted in your memories. The shape feels so familiar, most people look twice to confirm what they just saw. WKKR Speaker can be used as an alarm clock in combination with your smart phone, or as a speaker with any device that has a mini-jack.

Wekker significa despertador en holandés. El altavoz WKKR Speaker es un experimento en cuanto a forma y asociación. Fusiona las formas icónicas de un despertador y de un altavoz. Su diseño está pensado para suscitar sonoridad, alarma y el momento de despertarse. Al combinar estos dos arquetipos, se crea una nueva forma que resulta extrañamente familiar y da la sensación de que siempre ha existido en tu memoria. Su forma es tan común que la mayoría de la gente lo mira dos veces para estar seguros de lo que acaban de ver. El altavoz WKKR Speaker puede usarse como despertador junto con tu smartphone o como altavoz con cualquier dispositivo que tenga un miniconector jack macho.

Dimensions: 175 x 125 x 60 mm
Weight: 820 gr.
Designer: Herman Lijmbach & Jasper de Leeuw
www.leeuw-vormgeving.nl
www.lijmbach.nl
NETHERLANDS

GIRAFFE TABLE

Nature is the greatest artist ever. Sounds like a pious platitude, but whenever people need to take a rest and clear up their thoughts, enjoy or relax, they long for nature. Just simple laying on the grass, listening to sounds and observing is quit inspirational. There are so many different shapes, colors and lines that could get a totally new dimension if you use your imagination. Giraffe's long neck and way it is moved, was direct inspiration for this table. For this piece the idea was to put together two things that already got functional connection. Through this concept you have everything you need for your worktable-functional light when needed and possibility to extend your working surface. Usage is quite simple-just pulling lamp up and down. Giraffe table is made in combination of massive wood and metal, or just massive wood with different color accents. The light source is LED stripe with diffuser. It is designed for those who are in love with nature and like to be surrounded with part of it even at work.

La naturaleza es el mejor artista que existe. Suena a tópico religioso, pero cuando la gente necesita tomarse un descanso y aclarar las ideas, disfrutar o relajarse, acuden a la naturaleza. Solo con tumbarse en la hierba, escuchar los sonidos y observarla, ya te inspiras. Existen muchas formas, colores y líneas diferentes que pueden tomar una nueva dimensión si utilizas la imaginación. El cuello largo de la jirafa y su manera de moverlo sirvieron de inspiración para esta mesa. Para esta pieza, la idea fue unir dos elementos que ya tienen una conexión funcional. Mediante este concepto, ya tienes todo lo que necesitas para tu mesa de trabajo con luz funcional siempre que la necesites y con la posibilidad de ampliar tu superficie de trabajo. Es muy fácil de usar: solo hay que subir o bajar la lámpara. La mesa Giraffe está hecha de una combinación de madera maciza y metal, o solo de madera maciza, con un toque de diferentes colores. La lámpara es una banda LED con difusor. Está diseñada para los enamorados de la naturaleza que les gusta estar rodeados de ella incluso trabajando.

Design: Ana Babic
www.anababic.com
SERBIA

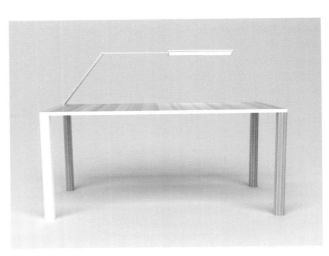

PRIMUS TETRACUBE

The objective of this project was to design and develop a container to store and transport in an orderly way all necessary utensils for four people who are about to eat and cook on a camping or hiking outdoors. The container should be able to be transported in an 80 liters backpack. At the same time, this product should provide an effective and intelligent way to store and transport all these objects, as it could be a pot, a pan, dishes, cutlery, glasses, cups or other containers to store food. This project was developed in collaboration with the design team of the Swedish company Primus Sverige AB based in Stockholm. Within the Primus Tetracube equipment, several products are used out of the brand's catalogs which were not specially designed for this project.

El objetivo de este proyecto fue diseñar y desarrollar un recipiente donde poder guardar y transportar de una forma ordenada todos los utensilios necesarios para cuatro personas que se disponen a comer y cocinar en un camping o una excursión al aire libre. Este recipiente tendría que poder ser transportado dentro de una mochila de 80 litros. A la vez, este producto debería presentar una manera eficaz e inteligente de guardar y transportar todos estos objetos, como podrían ser una olla, una sartén, platos, cubiertos, vasos, tazas u otros recipientes donde guardar comida.
Este proyecto fue desarrollado en colaboración con el equipo de diseño de la empresa sueca Primus Sverige AB con localización en Estocolmo. En el equipamiento de Primus TetraCube se utilizan varios productos del catálogo de la marca, los cuales no fueron diseñados en este proyecto.

Designers: Irene Gallego Sánchez, Carlos Jiménez Sánchez
www.cargocollective.com/TheDesignWarehouse
SPAIN

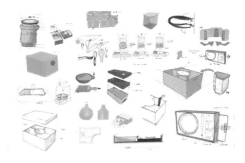

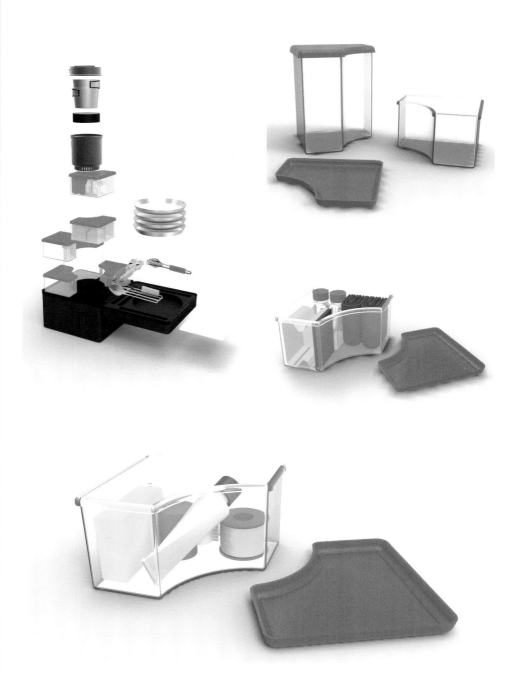

Design for Irene Gallego Sánchez, Carlos Jiménez Sánchez

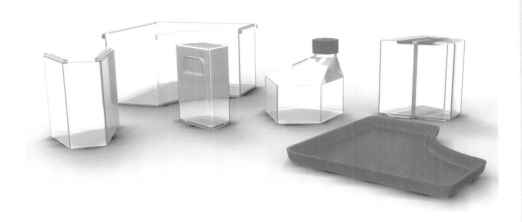

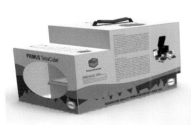

AIR

A suspension lamp made of metal mesh. This semifinished product assumes great delicacy in its encounter with light and comes out a really lightweight project. Light is an intangible matter. It is sometimes dense, sometimes almost imperceptible.
Everything depends on the substances which it encounters and which then give shape to it. In this case the metal mesh - a semifinished product - when it meets the light is transformed and assumes great delicacy and lightness.

Lámpara colgante hecha con una malla metálica. Este producto semiacabado adquiere una gran delicadeza cuando se encuentra con la luz. Es un proyecto muy ligero. La luz es intangible; unas veces es densa, otras veces, casi imperceptible. Todo depende de la sustancia con la que se encuentre y le dé forma. En este caso, es una malla metálica, un producto semiacabado, que cuando coincide con la luz, se transforma y adquiere una gran delicadeza y claridad.

Designers: Diego Vencato
Photo: © Laura Chiarotto, Diego Vencato
Prototype: Costacurta S.p.A. - Vico
www.diego-vencato.com
www.laurachiarotto.com
www.costacurtaforarchitecture.it
ITALY

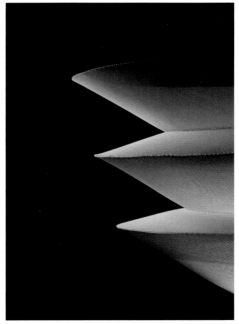

M TABLE

Combining different elements into one is always a challenge. The taught that stands behind this project is : When your body feels well, your brain works twice as well. M table is designed to be comfortable and functional as first, but also to have something extraordinary when it is about classic table. The main thing that makes a difference from other tables is foot massager that is integrated part of it. You can find a lot of massage chairs but none of massage tables or other pieces of furniture that you can use in some other way than traditional.

It is new concept for using standard massage elements as much it is new purpose for table. M table through its shape invites to socialize. The construction is made of powder coated metal tubes. Backrests, seats and massagers are made of wood. Final user is anyone who likes ordinary objects with something extraordinary.

Fusionar varios elementos en uno es siempre un desafío. La lección que hay detrás de este proyecto es: si tu cuerpo se siente bien, tu cerebro trabaja el doble de bien. La mesa M table está diseñada para ser, en primer lugar, cómoda y funcional, pero también es excepcional si hablamos de una mesa clásica. Lo primero que la diferencia de otras mesas es el masajeador de pies que forma parte de ella. Se pueden encontrar muchas sillas de masaje pero ninguna mesa de masaje o cualquier otro mueble que sirva para algo más que su uso tradicional. Se trata de un nuevo concepto en el uso de los elementos de masaje habituales y en su nuevo objetivo como mesa. Gracias a su forma, la M table invita a socializarse. La estructura está construida con tubos metálicos recubiertos de pintura en polvo. Los respaldos, asientos y masajeadores están hechos de madera. El usuario final es aquella persona a la que le gustan los objetos ordinarios con algo extraordinario.

Design: Ana Babic
www.anababic.com
SERBIA

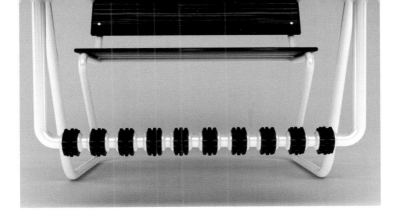

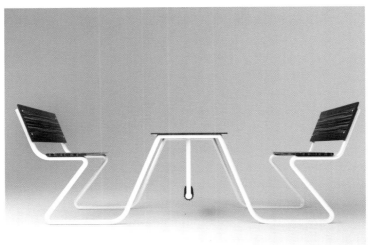

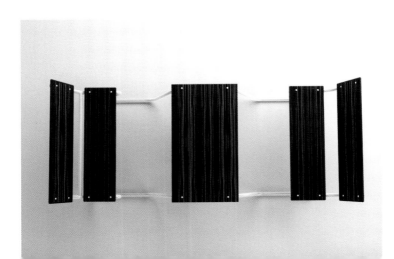

G1 - WASHBALL

Design inspired by round, polished stones across the water. Black and white, vivid combination of colors highlights a form of object. The set includes specially designed faucet with colored knob design accent.

Diseño inspirado en las piedras pulidas y redondeadas que se encuentran en el agua. El blanco y el negro y la combinación vívida de colores hacen que la forma del objeto destaque. El set incluye un grifo con un diseño especial y un pomo de color que resalta su diseño.

Studio: Redo Design Studio
Design: Radoslaw Nowakowski
www.redodesign.eu
POLAND

LIEVE

"Lieve" is the first product to be created with Wooden Mesh.
From the evolved concept of wood, has born the idea of re-designing a product in which wood itself had had historically an important role. They then decided that the perfect model to start with was a table, since in this essential object wood is byword for tradition, strength and value. Therefore, it was possible to work on the traditional structure of a wooden table - a product commonly perceived as "serious" - and lighten it. The Wooden Mesh – a wood that has undergone a metamorphosis to become fluid - replaced the "old" wood to conceptually support the table. The tabletop seems to float above the fabric and, for just one moment, the law of gravity doesn't exist.

Lieve es el primer producto hecho con una malla de madera. A partir del concepto evolucionado de este material, ha nacido la idea de rediseñar un objeto en el que la misma madera ha tenido un papel históricamente importante. Decidieron que el modelo perfecto para empezar fuese una mesa, ya que la madera en este objeto indispensable es sinónimo de tradición, fuerza y valor. Por lo tanto, fue posible trabajar con la estructura tradicional de una mesa de madera, un producto comúnmente percibido como serio, e iluminarla. La malla de madera, que ha sufrido una metamorfosis para que fuera fluida, ha sustituido a la antigua pieza de madera para soportar conceptualmente la mesa. La superficie de la mesa parece flotar sobre la tela y, solo por un momento, la ley de la gravedad no existe.doesn't exist.

Design: Diego Vencato
Client/Manufacturer: Horm
Photo: © Horm, Diego Vencato
www.diego-vencato.com
www.horm.it
ITALY

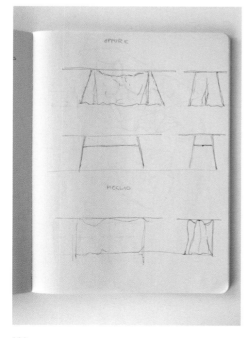

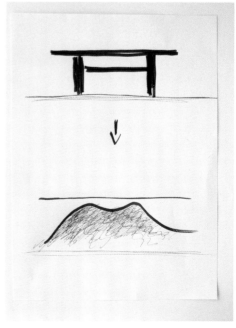

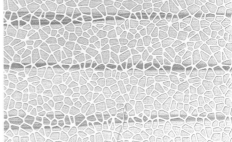
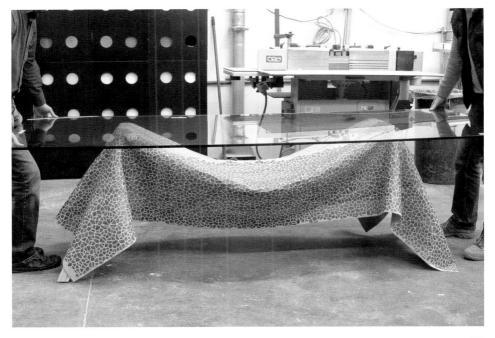

167

ROBY'S STORY

During this project he explored the relationship between action and image. The focused your attention of study on the ideograms and he investigated the collective understanding of the visual message. Roby'story is a story of man who does activities of his everyday life sometimes they are easy and sometimes they are hard. Here between two possible configuration it is possible to choose how much he has to do...

En este proyecto, se exploró la relación entre la acción y la imagen. Centró su atención en el estudio de los ideogramas e investigó el entendimiento colectivo del mensaje visual. Roby'story es la historia de un hombre que realiza actividades en su día a día. Unas veces son fáciles y, otras, difíciles. Entre sus dos posibles configuraciones, es posible elegir cuánto tiene que hacer…

Designer: Roberto Nicolo
Photographer: Matteo Anatrella
Production: Raro design
www.robertonicolo.com
UNITED KINGDOM

168

MY FIRST CHESS

The design is focused to be the first contact of the child with chess. Hence the name "My first chess", "Mi primer ajedrez" in Spanish. A part of the pieces design, the colors have been enhanced to get the child's attention. Classic colors like black, brown or white have been withdrawn to use really attractive and eye-catching colors. With the same objective and trying to create a friendly game, each piece is characterized by a face making them much more recognizable and memorizable. To somehow facilitate learning the game and its development, each piece has drawn on top its possible movements. This way the player can know at any time where and how each piece can be moved. This will help you memorize the movements and speed up the game for the first time. Likewise piece has written his name on the bottom. This way the child will know which piece is which and identify it without any problem. In addition, the game features a fast instruction book where you can double-check in case of any questions about the game. The design of this book follows the same design and simplicity as the whole game.

El diseño se enfocó a que pudiese ser el primer contacto del niño con el ajedrez. De ahí el nombre "My first chess", "Mi primer ajedrez" en castellano. A parte del diseño de las piezas, destaca ante todo el colorido de éstas, intentando llamar la atención del niño. Se abandonan los colores clásicos como negro, marrón o blanco y se usan colores realmente atractivos y vistosos. Con este mismo objetivo, e intentando crear un juego más amigable, cada pieza está caracterizada por medio de una cara, lo cual las hace mucho más reconocibles y memorizables. Intentando facilitar de alguna manera el aprendizaje del juego y el desarrollo del mismo, cada pieza tiene dibujados en la parte superior sus posibles movimientos. De esta manera el jugador puede saber en cualquier momento dónde y cómo puede mover cada pieza. Esto ayudará a memorizar los movimientos y a agilizar el juego durante las primeras veces. Igualmente, cada pieza tiene escrito su nombre en la parte inferior. Así el niño podrá saber qué pieza es cada cual e identificarla sin ningún tipo de problema. Además, el juego incorpora un libro de instrucciones rápido donde se puede consultar cualquier duda sobre el juego. El diseño de este libro sigue la misma línea de diseño y sencillez que todo el juego.

Designers: Carlos Jiménez Sánchez
www.cargocollective.com/TheDesignWarehouse
SPAIN

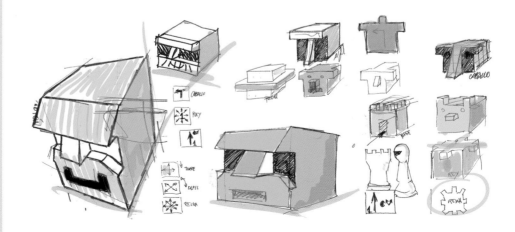

Rook   Knight   Queen   King   Bishop   Pawn

Design for Carlos Jiménez Sánchez

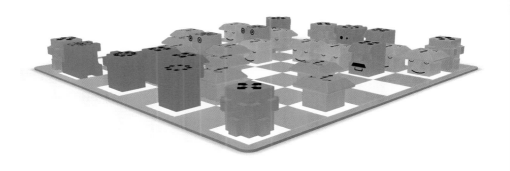

OSUX LAMP

OSUX is a new family of lights comprised by a Table, Floor and Suspension Lamp. The idea behind this design is to enhance the cable as a conduit of lighting. The formal language is based on the idea of spinning, repetition and symmetry. The lampshade is made of anodized spun aluminum and it is shaped to contain three sources of light and the electrical fittings. It also has a disk of opalescent glass used as a diffuser. Once assembled, the lampshade can be used in the three typologies of lights. The frame for the floor lamp is shaped as a hook and it can be adjusted in three different points, giving versatility and practicality to the object. The table lamp is formed as a tripod and it has been made as a support for the lampshade to sit on. They are both made of steel and powder coated in black.

OSUX es una nueva familia de luminarias compuesta por una lámpara de mesa, de suelo y de suspensión. La idea detrás de este diseño es remarcar cable como 'conductor' de iluminación. El lenguaje formal se basa en la idea de 'revolución', repetición y simetría. La pantalla está hecha de aluminio anodizado repulsado que está hecho para contener tres fuentes de luz y sus accesorios eléctricos. También cuenta con un disco de vidrio opal utilizado como un difusor. Una vez ensamblado, la pantalla se puede utilizar para las tres tipologías de lámparas. El brazo de la lámpara de pie tiene forma de gancho y se puede ajustar en tres puntos diferentes, dando versatilidad y practicidad al objeto. La lámpara de mesa está formada por un trípode que se usa como soporte para que se siente la pantalla. Ambos están hechos de acero lacado negro.

Studio: CreativeAffairs
Art Direction: CreativeAffairs
Design: CreativeAffairs.
Photography: CreativeAffairs
www.creativeaffairs.es
SPAIN

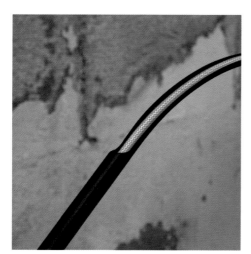

ENERGY

They gave a fresh solution to Jacuzzi® that would distinguish it within other competitors: Energy. This simple but advanced whirlpool bath was designed following as main design drivers simplicity and freshness. The design process was conducted by a research for hiding those details that usually weight the product as the control panel and the faucets. Energy is the perfect synthesis within equilibrium in shape and functionality, comfort and ergonomics combined with a minimalist and evergreen design. It is an inspirational but achievable product that enhances Jacuzzi's technological capabilities respecting aesthetical pureness and performance standards. Thanks to internal comfort and the positioning of the adjustable jets, Energy offers the original Jacuzzi whirlpool bath experience. The integrated touch controls panel, studied by Emo design, permits to activate the preferred function with a simple touch.

Le han dado a Jacuzzi® una solución novedosa que les diferenciará de sus otros competidores: la bañera Energy. Este sencillo pero avanzado jacuzzi se diseñó siguiendo los principales motores del diseño: simplicidad y originalidad. El proceso de diseño se basó en esconder esos detalles que suelen hacer que el producto pese, como el panel de control o los grifos. Energy es la síntesis perfecta en el equilibrio de la forma y la funcionalidad; el confort y la ergonomía combinados con un diseño minimalista y perenne. Se trata de un producto inspirador y factible que mejora las características tecnológicas del jacuzzi respetando su pureza estética y sus prestaciones. Gracias a la comodidad de su interior y a la posición de los chorros ajustables, Energy ofrece la experiencia original del baño de hidromasaje de Jacuzzi. El panel de control táctil integrado, diseñado por Emo Design, permite activar tu función preferida con un simple.

Studio: Emo Design
Design: Emo Design
Material: Acrylic
Typology: Whirlpool Bath
Dimensions: 70 x 170 x h 57 cm o 80 x 180 x h 57 cm
Producer: Jacuzzi Europe
www.emo-design.it
ITALY

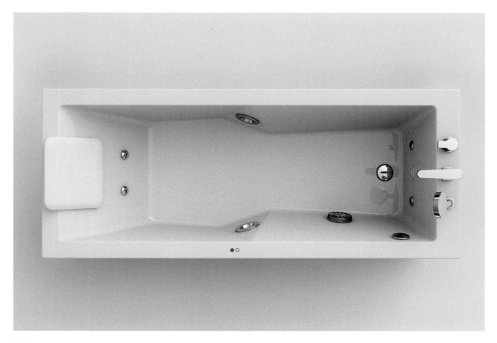

Design for Emo Design

EVVA_TT

Evva-tt is a rechargeable lights system, composed of the mother lamp that needs domestic electric power (220V) and the other three daughters that receive energy from the main one (recharging through the connecting cables).
These lamps, once recharged, can be used regardless, they are easy to carry as well as switch on and off. Cabled for outdoor use, it can be also used as a internal lamp. Each lamp is made up of two parts: the abs globe with bumper ring and the electrical parts container in silicone rubber. Evvatt, a name that includes the meaning of the project and its features. It recalls morphologically at the same time Edison's lightbulb and the breast; phonetically to the watt, the unit of electric power in the international system of units (SI) and Eva the first woman. Evvatt is a tactile and playfull object. It can rotate around the nipple. The globe is rigid, the nipple is soft. Evvatt is past and future together.
It is a eco-friendly system that recalls to the garden of Eden, an earthly paradise to reconquer material Abs - silicone rubber - aluminum - electronic components.

Evvatt es un sistema de iluminación recargable compuesto por una lámpara madre, que necesita una potencia eléctrica de 220 W, y sus tres hijas, que reciben la energía de la lámpara principal recargándose mediante cables conectores. Estas lámparas, una vez recargadas, pueden usarse independientemente. Son fáciles de transportar y de encender y apagar. Ideadas para un uso exterior, también se pueden utilizar en interiores. Cada lámpara está compuesta de dos partes: el globo de ABS con un anillo protector y el contenedor de las partes eléctricas hecho de goma de silicona. Evvatt es un nombre que comprende el significado del proyecto y sus características. Morfológicamente, recuerda a la bombilla de Edison y, a su vez, a un pecho; fonéticamente, al vatio, la unidad de potencia eléctrica del Sistema Internacional de Unidades (SI), y a Eva, la primera mujer. Evvatt es un objeto táctil y lúdico que puede girar sobre sí mismo gracias a su anillo. El globo es rígido; el anillo es suave. Evatt es la unión del pasado y el futuro. Es un sistema ecológico que recuerda al jardín del Edén, un paraíso terrenal por conquistar. Materiales: ABS, goma de silicona, aluminio, componentes eléctricos.

Designer: Roberto Nicolo and Roberto Monte
www.robertonicolo.com
UNITED KINGDOM

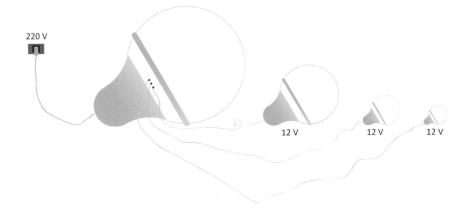

220 V

12 V   12 V   12 V

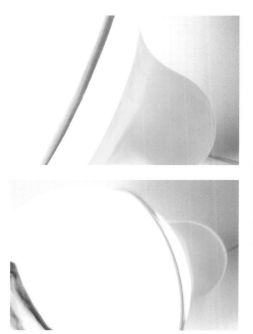

WATER MAP

Use a topographic map as a basin where the water flows through the ducts resembling the river channels. A wooden three-dimension basin representing the streets of central part of London. Expected to use other outlines of maps that are suitable for the overall composition.

Usar un mapa topográfico como base por la que el agua fluya por unos conductos parecidos a los canales de un rio. Una base con forma de arbol tridimensional que represente las calles del centro de Londres.   Se puede utilizar otros mapas adecuados para nuevas composición.

Studio: Kononenko
Design: Julia Kononenko
Photo: Ivan Avdeenko
www.kononenkoid.com
UKRAINE

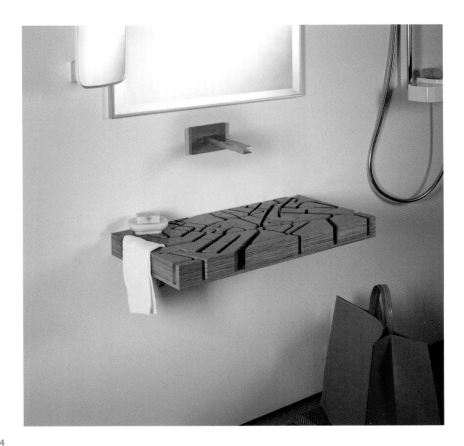

PALM HANGER

The shape of the hanger was inspired by traditional Polish Easter palm tree and the popular child's toy-pyramid. Modular design enables any configuration of the hanger.

La forma del colgador está inspirada en las palmas tradicionales de la Pascua polaca y en la famosa pirámide de juguete para niños. Su diseño modular permite crear cualquier configuración.

Studio: Redo Design Studio
Design: Radoslaw Nowakowski
www.redodesign.eu
POLAND

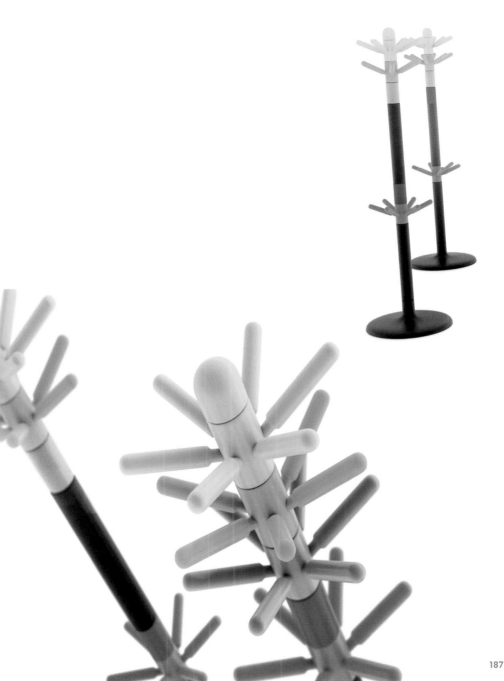

WATERING CAN TEA SET

The whole set looks fresh and funny but it's a coherent system. Your target was to reach new, younger customers, families with children, with a brand new style language but keeping the traditions and values of hungarian ceramics kitchenware. There are two cartoon-like watering cans in the set: a bigger one for the tea and a smaller one for the milk. The cups are like flower pots, with a flower styled handle. A sugar container is also the part of a set with a flower styled spoon. The items are very colorful, and are covered with striking colors, and unique glazing technologies. Most of the products from the leading manufacturers are targeting an older audience and usual high quality ceramics are not "trendy" for certain audiences. This product family goes in another direction and has been designed for the younger customers looking for funny forms and new designs rather than the usual tea sets. This design won the first prize on the Zsolnay Ceramics Manufacture's Design Competition in 2007.

Todo el set tiene una apariencia novedosa y divertida, pero es un sistema coherente. El objetivo era llegar a nuevos clientes más jóvenes y a familias con hijos mediante un nuevo lenguaje pero manteniendo las tradiciones y los valores de los utensilios de cocina de cerámica húngaros. El set incluye dos regaderas con un diseño animado: la grande para el té y la pequeña para la leche. Las tazas son macetas con una flor como asa. El azucarero también forma parte del conjunto con una cucharilla en forma de flor. Las piezas son muy coloridas, cubiertas con colores llamativos, y cuentan con una tecnología de vidriado única. Gran parte de los productos de los fabricantes líderes están destinados a un público más mayor y la habitual cerámica de calidad no es tan «moderna» para ciertos clientes. Esta familia de productos va hacia otra dirección y se ha diseñado para los clientes más jóvenes que buscan formas divertidas y diseños nuevos en vez de los típicos sets para té. Este diseño ganó el primer premio en el Concurso de Diseño del Fabricante de Cerámica Zsolnay en 2007.

Studio: Flying Objects Design Studio
Design: Andras Hunfalvi
www.flyingobjects.hu
HUNGARY

EGG_TABLE

The design of this table was inspired by the world's most popular breakfast - eggs. Funny shaped table is also very practical. Properly curved and equipped with a removable tray certainly useful in every bedroom.

El diseño de esta mesita está inspirado en el desayuno más famoso del mundo: los huevos. Una mesa con forma divertida también puede ser práctica. Con unas curvas adecuadas y equipada con una bandeja extraíble, resulta muy útil para cualquier habitación.

Studio: Redo Design Studio
Design: Radoslaw Nowakowski
www.redodesign.eu
POLAND